新 潮 文 庫

43 回 の 殺 意

川崎中１男子生徒殺害事件の深層

石 井 光 太 著

新 潮 社 版

11396

プロローグ

二〇一五年二月二十日未明、凍《い》てつくような風が吹きつける中で、中学一年の少年は全裸で血にまみれ、息も絶え絶えに河川敷の草地を這《は》っていた。

数センチ進んでは意識が遠のき、我に返ってはまた数センチ進むといった状態だっただろう。口からは助けを求めるようにかすかな呼吸が漏れていたが、川を流れる水音にかき消されたにちがいない。

少年の全身に刻まれた作業用カッターによる切創《せっそう》は四十三カ所に及び、そのうち首の周辺だけでも三十一カ所に達していた。もっとも重い傷は左頸部《けいぶ》にあるもので、長さは十六・八センチ、深さは一～二センチ、小動脈は真っ二つに切断されていた。他にも十一・五センチや九・五センチに及ぶ傷もあり、首の筋肉は無残に切られ、背中、足、額の皮膚は剝《は》がれている。

深夜の暗闇《くらやみ》に包まれた地面で少年が四つん這いになって進む姿は、誰の目にも留まることがなかった。河川敷は味の素《もと》社の巨大な工場が壁になっていて、三百メートル先の車が行き交う通りからは遮断されていた。対岸までも川幅は百メートル以上あり、その先は広大な緑地になっている。気温が五・二度まで下がった川辺には、人影どころか、虫の飛ぶ姿さえなかったはずだ。

それでも、少年は血と土と川の水にまみれ、最後の力をふりしぼって土手の方へと這っていた。傷口に砂が入り込み、コンクリートの護岸斜面や草の生えた大地は氷のように冷たかっただろう。何としてでもその場から離れようとしたのは、迫りくる死の恐怖から逃れ、助けてくれる人たちのもとへ帰りたいという一心からだったにちがいない。

少年の出血量は、全身の血液の三分の一に値する一リットル以上に達していた。それは出血性のショック死にいたるに十分な量だった。おそらく意識は混濁し、手足の感覚はなきに等しかったはずだ。さらに冷たい川の水につかっていたことから、低体温症に陥っていたと考えられる。そんな彼にはもはや土手をよじ登り、公道に出て助けを求める力は残されていなかった。

少年が体に残っていたすべての力を出し尽くして這うことができたのは、二十三・五メートル。雑草の生い茂る草地の上で、幼さの残る百五十六センチの体はついに動かなくなってしまう。

死亡推定時刻は、午前二時半頃から明け方にかけて。川辺には、水音だけがまるで読経《どきょう》のように響いていた。

＊

二月二十一日の朝、後藤善明《よしあき》（仮名、事件当時四十四歳）は、前日の夕方から漁船に乗って日本海で漁をしていた。気温は氷点下一度にまで下がっていたが、さほど風は強くなく、波も荒くはなかった。紺碧《こんぺき》の海が水平線の彼方まで広がり、その先には、善明が八年前から暮らす西ノ島がある。

西ノ島は、鳥取県境港市の境港からフェリーで北へ約二時間半いった、島根県隠岐《おき》郡の小さな島だ。人口はわずか三千人ほど。自然に覆《おお》われた島の景観は息を飲むほど美しく、丘の草地では放牧された馬がのんびりと草を食《は》み、高い崖《がけ》がそびえる岬では海鳥が群れをなして羽ばたいている。

そのぶん、島内にはコンビニどころか、商店街すらない。学校も小学校と中学校が一校ずつあるだけだ。島民はほとんどが顔見知りで、家のドアに鍵《かぎ》をかける習慣さえないほどお互いの距離は近い。

善明は、三十六歳の時にIターンの募集制度をつかって、家族とともにこの島にわたってきた。地元の漁業関係の会社に勤め、雇われ漁師として働いていたのだ。天候を見定めて毎日夕方に出港し、朝の訪れとともに帰港する。

この日は、数隻《せき》の船にわかれて、まき網漁を行っていた。まき網漁とは、レーダーで魚群を見つけ、複数の船でそれを取り囲んで一網打尽にして捕まえる漁法だ。

朝になって陽が昇り、徐々に氷点下の寒さが和らぎだしていた。善明は魚群を探知する船に乗り、網で魚を捕える他の船を少し離れたところから監視していた。あともう少しすれば、漁は終わるはずだった。

そんな時、不意に携帯電話が鳴りはじめた。ディスプレイには見覚えのない番号が通知されている。何だろうと思いながら電話に出てみると、聞きなれない声がした。

「後藤善明さんでしょうか」

「はい、そうですが」

「私は神奈川県の川崎警察署の者です。上村遼太《うえむらりょうた》君のお父さんでよろしいですね」

なぜ川崎警察署から電話がかかってくるのか。息子の遼太は、一年半前の夏に、離婚した妻とともに実家のある川崎市へ引っ越していた。一カ月半前の正月に川崎へ会いに行った時は、元気でやっているような話をしていた。警察から電話ということは、遼太が万引きでもして補導されたのだろうか。

あれこれと考えを巡らせたが、刑事は想像もしなかったことを言った。

「遼太君が川崎で起きた事件に巻き込まれました」

「事件？」

「はい、そうです」

「どういう事件なんでしょう」

「重大な事件なんです。すでにテレビや新聞で報道されていますが、ご存知でしょうか」

善明は言葉に詰まった。昨日の夕方から漁に出ていたため、ニュースはまったく見ていなかった。

「ニュースをご覧になれば、事件の概要はおわかりになるはずです。私どもとしては、捜査にご協力いただきたいと思っています。お忙しいとは思いますが、一度川崎へお越しいただけませんでしょうか」

「ちょっと待ってください。事件ってどういうことなんでしょう。息子が被害に遭ったっていうことですか」

「まだ捜査中でして、詳しいことはお目にかかった上できちんとお話させていただきたいと思います。どうかご協力をお願いいたします」

遠回しな言い方から、遼太の身に尋常でないことが起きていると察せられた。今すぐにでも川崎へ駆けつけ、起きたことを確かめなければならないという思いがこみ上げてくる。

「わかりました。会社に了解をとってすぐ川崎へうかがいます。ただ、今は西ノ島にいて距離があるので今日中に着けるかどうかはわかりません」

「本日お越しいただいても、遼太君にお会いできるかどうかはわかりません……。明日の朝九時に署にお越しいただけないでしょうか」

会えないという言葉が耳に引っかかったが、混乱した頭ではどういうことかまでは考えが及ばなかった。

「そうします」

善明はそう言って電話を切ると、上司に連絡を入れた。事情を話して漁の一団から先に抜けさせてもらうことにした。

島にある自宅に帰ると、善明は川崎行きの準備をはじめながら、テレビのニュースをつけて事件を確かめようとした。冬期は西ノ島から本土の港までのフェリーは一日二便しかなく、すでに朝の便は出航してしまっており、本土にわたるには午後の便まで待たなければならなかったのだ。予定では、港まで友人に車で迎えに来てもらい、米子《よなご》空港へ直行することにしていた。

テレビのニュースでは、前日に川崎で殺人事件があったと報じられていたが、被害者の身元は何一つ明らかにされておらず、遼太が絡《から》んでいるのかどうかはわからなかった。そこで、インターネットで最新のニュースを調べてみた。

ネットのニュースでも、二十日の早朝に多摩川の河川敷で男性の遺体が見つかったという事件が報じられていた。この記事にも実名が記されていない上に、被害者は「成人男性」ともなっていた。記事が事実なら殺されたのは、遼太ではないということになる。今のところ無事ということか。

午後の便のフェリーが港から出航する時刻になった。善明は手荷物を抱えて、二等客室に乗り込んだ。二等客室は、カーペットが敷かれた床があるだけだ。先に乗り込んだ乗客たちが毛布を広げてあちらこちらで雑魚寝《ざこね》をしている。夕方の風速は、南風の一・二メートル。二月の海としては珍しいほどに穏やかで、本を読んでいる人、うたた寝している人など様々だ。

静かな客室の中で、善明だけが落ち着きなく動き回っていた。備え付けのテレビのチャンネルをニュースに切り替えてみたり、携帯電話で最新の記事をチェックしたりする。

新着ニュースが飛び込んできたのは、出発して少し経《た》ってからだった。前日の朝に多摩川の河川敷で発見された遺体の続報だった。警察が、被害者の実名を明らかにしたのだ。

記事には、はっきりと「上村遼太」という名前が記されていた。名前の漢字も、中学一年という学年も、息子と同じだった。

「毎日新聞」の夕刊の記事である。

> 川崎市川崎区の多摩川河川敷で男性の遺体が見つかった事件で、神奈川県警捜査1課は21日、被害者を同区大師河原2、中学1年、上村（うえむら）遼太さん（13）と断定し発表した。司法解剖の結果、死因は鋭利な刃物で首を刺されたり切られたりしたことによる出血性ショック死と判明し、同課は、殺人死体遺棄事件とみて、川崎署に捜査本部を設置した。（以下略）
>
> （「毎日新聞」夕刊二〇一五年二月二十一日）

警察は身元確認を終え、これまで伏せていた被害者の実名をマスコミに公表したのだろう。それが午後に速報として一斉に報じられたのだ。

記事を前にして、善明は頭の中が真っ白になった。なぜ遼太が殺されなければならないのか。まだ事態をうまく受け入れることができない。思い浮かんだのは、別れた妻の雅子《まさこ》（仮名、事件当時四十二歳）だった。川崎で遼太と一緒に住んでいる彼女なら、事件の詳細を知っているにちがいない。

彼は携帯電話で雅子にメッセージを送った。今、事件の被害者として遼太の名前が報じられているが、息子でまちがいないのか、と。いくら待てども、雅子からの回答は返ってこなかった。

フェリーが港に到着したのは、夕方の暗くなった時刻だった。善明は予定通り友人の車に乗って米子空港へ直行。運よく東京行の最終便に空席があり、午後十時頃に羽田空港に到着することができた。

羽田空港から川崎までは三十分ほど。川崎に到着した善明は、ホテルを取っていなかったため、川崎警察署の近くにあるサウナ店で一夜を明かすことにした。その頃には事件の続報が次々と配信されていたが、善明は動揺のあまり何をしていたかほとんど記憶がない。唯一《ゆいいつ》覚えているのは、未明に別れた妻からの返信があり、事件の被害者は遼太だと教えられたことだった。

翌朝の九時ちょうどに、善明はいても立ってもいられない気持ちで川崎警察署へ赴いた。署内で待っていたのは、刑事たちだった。彼らは事件について簡単な説明をした後、前日に雅子が身元確認を済ませたものの、善明にも確かめてもらいたいと言った。

案内されたのは、署内の静かな一室だった。ドアを開けると、小さな遺体が薄い布をかけられて横たわっていた。

刑事は言った。

「ご確認ください」

善明は顔をのぞき込んだ瞬間息を飲んだ。見てはいけないものを見てしまった気がした。横になっていたのは、まぎれもなく息子の遼太だったのだ。

司法解剖の痕《あと》を隠すためか、首から下は布で覆われていた。顔を見るかぎりは、打撲のアザと小さな傷しかない。

「まちがいありませんね」

何度たしかめても、遼太だった。まるで眠っているような安らかな表情だが、完全に血の気が失われている。首に巻かれている包帯が、わずかにずれている。そこから雑な縫合痕が見えた。

善明は、やっとのことで答えた。

「はい。息子の遼太です」

「残念です。報道の通り、事件に巻き込まれてお亡《な》くなりになりました」

胸に悲しみが押し寄せ、目の前が真っ暗な闇に閉ざされた気がした。なんでこんなことになってしまったのか。誰がやったのか。本当にもう会えないのか。いくつもの思いが噴出して心がかき乱される。

その一方で、これは夢ではないかと考える自分もいた。目の前の現実を信じたくないという気持ちから、心が本能的に拒絶していたのかもしれない。

刑事は言った。

「犯人については、現在、捜査しているところです。昨日お願いした通り、できればお父さまにも捜査にご協力いただきたいと思っています」

聞いているのがやっとだった。

「遼太君のスマートフォンはお父さまが契約したものですね。まず携帯電話会社に遼太君の通話履歴を開示してくれるように依頼していただけないでしょうか。個人情報の問題があって、開示には契約者の許可が必要になるのです」

刑事は淡々とつづける。

「それと、遼太君が利用していたアプリの確認もお願いできますか。こちらも犯人逮捕の手掛かりになるはずですので」

遼太のスマートフォンは、約一年前に善明が買い与えたものだった。契約者の名義は自分になっていて、月々の料金も払っていた。設定の上でも、遼太がアプリをダウンロードする際は、善明の許可が必要だった。

「それ以外にもいくつかお願いがあるので、これから別室に移っていただいてもよろしいですか」

「何をするんでしょう」

「遺留品の確認などお願いしたいことがあるのです」

「遺留品って」

「息子さんの持ち物はほとんど燃やされてしまっているのですが、残ったものもいくつかありまして」

刑事たちの冷たいほどに事務的な言葉を聞いているうちに、やはり遼太の死は現実なのだという実感が増してくる。

善明は一番知りたかったことを尋ねた。

「犯人は、まったくわかっていないのでしょうか」

「今はまだはっきりとは……」

犯人は逃げているのだ。

「わかりました。できるかぎり、ご協力します」

善明は遼太を部屋に残し、刑事たちとともに別の部屋へ移って要請に応《こた》えることにした。誰が犯人なのか想像もできなかったが、あふれ出る怒りと悲しみからじっとしていることができず、一刻でも早く逮捕にいたってほしいという思いだった。

しかし、その後、事件は予想もしていなかった方向へ転がっていく。

数日後に捕まった犯人は、十七歳から十八歳の三人の少年だったのだ。彼らは遼太と親しくしていた遊び仲間だった。そして、彼らの口から語られたのは、身も心も凍りつかせるほど凄惨《せいさん》な殺人だったのである。

それを知った時、善明は遼太の死を否定する気持ちを捨てた。そして抑えることのできない怒りから犯人たちに殺意にも似た感情を抱き、自らの手で復讐《ふくしゅう》しようとまで思いつめるのである。

43回の殺意　川崎中1男子生徒殺害事件の深層

目次

43回の殺意

川崎中1男子生徒殺害事件の深層

第一章　惨《ざん》殺《さつ》

邂逅《かいこう》

奥多摩から武蔵野《むさしの》を通り、一本の美しい河川が東京湾へと流れている。多摩川である。

全長は一三八キロにも及び、両岸には野鳥の声がこだまする緑地が広がっている。野球やサッカーのグラウンドも多く、休日ともなれば子供たちが無邪気にはしゃぎ回る声があちらこちらから聞こえてくる。

河川は、府中をすぎたあたりから東京都と神奈川県の県境となる。南側は神奈川県の川崎市だ。川崎市は県庁所在地ではない市としては日本最大となる百五十万人以上の人口を擁している。東京や神奈川の中心部のベッドタウンとして知られているばかりか、工業地帯も有していて、人口は今なお膨らみつづけている。同市は河川に沿うようにつらなる七つの行政区で構成されており、区によって特徴が異なる。北部から中部にかけては緑が多く、落ち着いた街並みが広がっている。新《しん》百合《ゆり》ヶ丘《おか》や武蔵小杉など、新興の高級住宅地として知られる町はこちらだ。一方、南部に行けば行くほど雑多な街並みが目立つようになり、最南側の川崎区には殺伐とした光景が広がる。東京湾側の臨海部は京浜工業地帯であり、大企業の工場や倉庫、石油コンビナートが林立し、通りには昼夜の区別なく巨大なトラックが行き交う。

特に東京と横浜とを結ぶ産業道路のあたりには、工場などで働く人々がひしめき合うように蝟集《いしゅう》している。古めかしいアパート、時代から取り残されたような木造の平屋、黒ずんだ団地。個人商店が立ち並ぶ商店街も点在しているが、活気は感じられず、シャッターを下ろしている店も多い。通り沿いには、昼間から営業している居酒屋やスナックの看板が目につく。

地元で介護職をする女性は語る。

「川崎区は、工業地帯の中心地として知られていました。住人の多くは、全国から工場の仕事を求めて集まってきた人たちです。なので、一代さかのぼると、東北出身だったり、九州出身だったりと、故郷がバラバラな人が目立ちます。よく言えば、いろんな文化の集まりですが、悪く言えば、流れ者みたいな人も結構いますね。工業地帯なのでガラもそんなに良くない。

昔はとにかく公害のイメージがひどかった。一九五〇年代以降は工場からの有害な煙や排水が原因で大勢の人が健康を壊し、亡《な》くなりました。それでも人々が町を離れなかったのは、他に行き場や仕事がなかったのでしょう。

　今は、景気が悪くなって工場の仕事もかなり減ってしまいました。高齢化も目立ちはじめていて、要介護者の人数やその支援サービスの利用は、他の区よりも多くなっています」

　東京と横浜という大都会のはざまにある工業地帯。関西でたとえれば、大阪と神戸《こうべ》の間に位置する尼崎に似ているだろうか。

　他の工業地帯同様に、国内の製造業に活気があった時代は良かったが、それが傾いたことも一因となって人々の生活は困窮し、高齢化が進み、様々な問題が発生している。統計の上でも、川崎区の生活保護の受給率、自殺率などは市内の他区より突出して高く、住民たちが厳しい状況に置かれているのは明らかだ。

　たとえば、川崎市における生活保護の受給率は二・一一パーセントと全国平均

（一・六九パーセント）より高いが、中でも川崎区は抜きん出て高く、四・九九パーセントにも達している。

川崎区のもう一つの特徴としては、外国人の人口が多いことだ。市全体で約三万七千人の外国人が住民登録しているが、市内七区の中で最多なのが川崎区で、その数は約一万四千人にのぼる。市内の外国人の二・六人に一人が川崎区に住んでいる計算だ。

一体なぜなのか。市役所に勤める女性は語る。

「川崎区の海側には、かつては『朝鮮人部落』と呼ばれていたような地区がありました。戦前、戦後に大陸からやってきた人たちの、平屋のバラックのような住居が密集していたのです。今あるコリアタウンや神奈川朝鮮学園がその名残ですね。

時代が進むごとに少しずつそうした地区は解体されていきましたが、歴史的にも外国人が多いことから他の国の人々が集まってきた。家賃や土地が安かったのに加えて、不動産業者も外国人にどんどん貸したのでしょう。その結果、在日韓国・朝鮮人だけでなく、八〇年代頃からは東南アジアの人々が増えていきました。

東南アジア系で目立ったのが、フィリピン人ですね。エンターテイナーのビザでやってきて駅周辺のパブなんかで働くようになった。都内の繁華街へ働きに出ていた人もいました。その後、中東の人や、ブラジルやペルーといった南米の人たちもずいぶん入ってきて工場などの仕事を担《にな》うようになった。

　こうした背景があるので、国別の外国人のコミュニティーも複数あります。来日してすぐの外国人にとっても、居心地はいいと思いますよ。彼らが集まる教会、工場、レストランといったものがたくさんあるんです。県外にいた外国人が、同郷の知人を頼って引っ越してくることも珍しくなく、その人口は今でも増加しています」

　実際に川崎区のセメント通りと呼ばれているところには「ＫＯＲＥＡ　ＴＯＷＮ」と書かれた門が建っていて、焼肉店や韓国料理店、それに韓国の食材屋がひしめいており、その近隣には小さな家屋が残っている。

　そのような土地に日本各地から工場の仕事を目当てに集まってきた人々と、アジアを中心として世界各地から仕事を求めて集まってきた外国人とが、入り交じるようにして暮らしているのが川崎区なのだ。

　川崎区の中心は、川崎駅周辺の繁華街だ。

　町には二つの川崎駅――ＪＲ川崎駅と京急川崎駅――がある。駅前にはデパートやブティックが並んでいるが、一歩奥に入って目に飛び込んでくるのは猥雑《わいざつ》なネオン街だ。キャバクラや風俗店、外国人パブの電飾看板が明滅し、立ち飲み屋では昼間から初老の男たちが集まっている。すえた臭《にお》いのする路地には、黒服の呼び込みや暴力団風の男たちを見かけることも少なくない。

胡散臭《うさんくさ》い大人たちに交じり、街頭には今どきの格好をした十代の少年少女もたむろしている。コンビニの脇《わき》、駐輪場、ビルの陰などで暇を持て余すように煙草《たばこ》を吸ったり、携帯ゲームをしたりしているのだ。

こうした少年たちの一部が多く集まるのはゲームセンターだ。二〇一四年から二〇一五年にかけて、駅前のショッピングセンター「川崎モアーズ」の二階のゲームセンターには、連日のように遊びに来る少年グループがいくつかあった。地元の中学生やその卒業生たちだ。川崎区内からは自転車で来られるため、思い思いにやってきては夕方から夜遅くまでゲーム台の前で騒ぐ。

当時、そうした少年の一人だった金藤邦夫《かなふじくにお》（仮名、事件当時十八歳）は語る。

「川崎はガラ悪いですよ。ヤクザとか普通にいるし、外人とかがケンカしてるし、ゲーセンの便所でドラッグやってる人とかもいる。他の町の人からすれば怖いって思うかもしれないけど、地元の人たちならそうは思わないかな。

結局、川崎って狭いからみんな顔見知りなんですよ。学校の先輩後輩だったり、友達の友達だったり。それでつながっていくから、よっぽどのことをして誰かに狙《ねら》われているとかなければ、町にいるのが怖いっていう感じはない。

中学生とかも昼間も普通にいますよ。学校サボって遊んでても、あんまり補導とかはされないかな。だって、町には不登校の奴《やつ》が結構うろうろしているから、補導しはじめたらきりがないでしょ。高校に行ってない十六、七の奴とかもたくさんいるし、髪染めてグラサンかけて先輩たちとつるんでいたら、中学生だかなんだかよくわかんないですよ」

金藤によれば、当時このゲームセンターには十前後の少年グループが頻繁に出入りしていた。年齢も出身校もちがったが、毎日のように顔を合わせたり、共通の友人がいたりしたことから、ゲームの対戦をすることもあったという。

こうした少年たちの中に、今回の事件の加害少年三人、それに被害者となる中学生もいた。主犯格とされたのは、千葉虎男《とらお》（仮名、事件当時十八歳）である。トラックの運転手である日本人の父親と、フィリピン人の母親とのハーフだ。ひょろっとした体格で、目鼻立ちは一般の日本人よりくっきりとしている。家は京急川崎駅から三駅離れた川崎大師駅にあった。

事件が起きた年、虎男は市内の定時制高校に在籍していた。しかし、非行がもとで鑑別所に収容され、卒業が難しくなったこともあり、日がな一日グループのメンバーたちと群れていたのだ。グループには年下の中学生も少なからず交じっていた。

　金藤は言う。

「事件が起きたばかりの時、虎男はすげえ凶暴な不良だって報道されてたじゃないですか。でも、あいつはヘタレで、小学校の時も中学校の時もいじめられてたんですよ。不良たちに理由もなくシメられたり、普通の同級生からも『気持ち悪い』とか『暗い』とか言われたりしてた。

　虎男を一言でいえば、オタクかな。ゲームばっかやってて、一緒にいた連中もみんな暗いゲーム好きの奴ばかりだった。不登校の連中もたくさんいたね。話の内容はほとんどゲーム。そんなグループの中で、虎男は上の立場にいたと思うけど、信頼されてるからとかケンカがつよいからってより、単に年上だったからって感じかな」

　一部の事件報道では、まるで狂犬のような報じられ方をしていた虎男だが、実のところは、学校でいじめにあって居場所を失い、ゲームセンターの片隅で似たような境遇の生徒たちと遊んでいるような少年だったという。

　金藤はつづける。

「あいつは、学校の中だとおとなしかった。不良が怖いから、あんまり目立つような格好はしないんです。でも、外で不良の目がないところに行ったら、急にいきがりだして煙草を吸ったり、物を壊したりする。万引きは、やりまくってたね。『俺は何でも盗めるんだ』って自慢してた。

弱い奴には手を上げることもあった。絶対に歯向かってこないような年下の奴とかを、陰でフルボッコにする。そんな時あいつはガチで残酷になるタイプだった。歯止めがきかなくなって、無抵抗の相手をずっと殴ったり蹴《け》ったりする。それで相手を大怪我《けが》させちまって、後日不良たちにボコられたこともあった」

虎男が弱い者に対してのみ凶暴さを発揮していたというのは、友人たちが一様に認めるところだ。グループの中に、中学生など年下の少年が多く交じっていたのは、弱い自分でも上の立場になれるとの思いがあったからではないだろうか。

一方、被害者となった上村遼太（事件当時十三歳）は、グループに属する少年の中でも年少の中学一年だった。五人きょうだいの二番目の次男。目がぱっちりとした、かわいらしい少年だ。

遼太が川崎に引っ越してきたのは、事件のわずか一年半前。それまでは、島根県の西ノ島で暮らしていた。母親は離婚した後も島で子供たちを育てていたのだが、遼太が小学六年の夏休みに実家のある川崎にもどったのだった。

その後、遼太は市立D中学に進学してバスケットボール部に入った。小学校の時にミニバスケをしていたことから、ほとんどのポジションをこなすことができ、テクニックも抜群。ルックスの良さに加えて人懐《なつ》っこい性格から、男子にも女子にも人気があり、「カミソン」とあだ名で呼ばれていた。

同級生の証言である。

「すごく愛嬌《あいきょう》のある奴で、先輩からも好かれていました。カミソンってあだ名はバスケ部でつけられたものです。＊＊ソンって呼ばれてる先輩がいたんで、あいつも苗字《みょうじ》をもじってカミソンって呼ばれるようになった」

しかし中学一年の夏頃から、遼太は部活に顔を出さなくなり、学校の先輩たちとつるんでゲームセンターへの出入りをはじめた。当時少年たちの間で流行《はや》っていたのが、「機動戦士ガンダム」のゲームだ。二対二で戦うことができる、チーム対戦型アクションゲームである。

ゲーム機の周りには、いつもたくさんの少年たちが集まっていた。誰かが失敗すると、みんなでゲーム台を「バン！」と叩《たた》き、ヤジを飛ばしてからかう。仲間内ではそれを「台バン」と呼んでいたが、遼太はゲームが上手で、一度もそれをされたことがないのが自慢だった。

こうした中、中学一年の冬休みに出会ったのが、保護観察処分を受けて少年鑑別所から出てきた虎男だった。後の裁判で、虎男は遼太との出会いがゲームセンターだったと証言した。だが、実際に二人を引き合わせたという比嘉《ひか》賢斗《けんと》（仮名、事件当時十七歳）は、こう語る。

「俺は虎男とは小学校の時から顔見知りだったんだ。中学も学年もちがったけど、共通の知り合いがいたんでよく遊んでた。

　カミソンを知ったのは秋だったかな。カミソンの中学の先輩で中村正（仮名、事件当時中学三年生）って奴がいたんだ。中村はカミソンをゲーセンとかいろんなところにつれて行ってた。その時に中村が俺に紹介してきたのがカミソンだったんだ。

　俺がカミソンと虎男を引き合わせたのは年末のことだ。その日、俺はカミソンたちと（川崎区）中瀬の公園でサッカーをしてた。メンバーが足りなくて困ってたら、たまたま虎男から連絡があったんで、遊びにこいよって誘ってみたら、『いいよ』ってやってきた。その時に俺が虎男にカミソンを紹介した。

二人ともゲーム好きだったんですぐに仲良くなったよ。虎男も年下は嫌いじゃないし、カミソンも『虎男君』とか呼んで付いて歩いていた」

　この日以降、遼太は虎男と付き合いをはじめる。遼太は人懐っこい性格で、同時に四つくらいの先輩グループに出入りしていたという。

三学期がはじまると、遼太は部活ばかりでなく、学校へも行かなくなった。虎男のグループの多くが高校中退者か、不登校児だった。そんな先輩たちと親しくしているうちに、学校へ行くことに意味を見出《みいだ》せなくなってしまったのかもしれない。母親が仕事に出ているのをいいことに、昼間から公園やゲームセンターで先輩たちとつるみ、深夜に帰るという日々を送った。

遼太がもう一人の加害少年である多田剛《つよし》（仮名、事件当時十七歳）と知り合ったのは、三学期がはじまって間もない一月十日のことだった。剛は、虎男の一学年下で、フィリピン人の母親と日本人の父親との間に生まれたハーフだった。中学卒業後は、通信制高校に通っていたものの中退。その後はフリーターをしていた。

遼太と剛を会わせたのも比嘉だったという。

「あの日、俺は何人かの友達と一緒にラウンドワン（ラウンドワンスタジアム川崎大師店）のゲーセンでガンダムをやってたんだ。そしたら、たまたま剛とカミソンが別々にやってきた。剛は俺と中学でタメだったし、カミソンはその前から知ってた。それで剛とカミソンを引き合わせたんだよ。あの二人はその時には虎男のグループにも出入りしていたから、ソッコー仲良くなったみたい」

バスケ部の先輩の中村らの紹介で、比嘉のグループと付き合いはじめ、そこから虎男のグループと接点を持ったのだ。

先輩たちの中でも、遼太は特に剛を兄のように慕っていたという。剛は虎男に比べると物腰が柔らかく、後輩に対する面倒見がよかったからだろう。

遼太は剛のことを「剛君」と呼んで付きまとい、剛も「カミソン」と呼んで弟のようにかわいがった。いつしか、二人きりでも遊ぶ仲になった。

亀裂《きれつ》

虎男のグループはＫ中学の出身者を中心にして十数名おり、十六〜八歳の少年たちが主体だった。日雇労働などで働いている者もいたため、かならずしも全員が毎日顔をそろえていたわけではなく、その日暇な者たちが連絡を取り合って集まっていた。

付き合いのあった木村幹夫（仮名、事件当時十七歳）は次のように述べる。

「集まるメンツは固定してるわけじゃなかったです。みんなＬＩＮＥでやり取りしてるから、その日何もない奴がやってくるみたいな。誰かが『ヒマ？』って書くと、『俺、行けるよ』みたいな感じで集まる。

やることっていったら、ゲーセンで遊ぶか、誰かん家に集まるか、居酒屋や公園で酒飲むか。ゲームをするのと、アニメの話をするのは楽しかったね。ただ、カミソンたち中学の奴らは飲み会に来てんのは見たことない。酒が好きじゃなかったんじゃね。俺らがゲーセンで遊んだ後、『酒飲みに行こう』って話になると、あいつらは『じゃあ、帰るんで』みたいな感じでいなくなった」

ゲームセンターで遊んだり、居酒屋で飲み食いしたりするには、それ相応の金がかかる。彼らはどうやって遊ぶ金を手に入れていたのか。

資金源の一つとなっていたのが、彼らが「エス」と呼んでいた賽銭《さいせん》泥棒だった。夜中にグループのメンバーたちとともに神奈川県内や東京都内の寺院や神社へ出向き、賽銭箱の中から現金を奪うのである。

手口はいたって単純だ。細い棒の先にガムテープを巻きつけ、賽銭箱を覆《おお》う板の間から挿し込む。硬貨や紙幣が底にあればテープにくっつくので引き上げることができる。時には腕の細い少年が手を差し込んで直接取ることもあったという。

五、六人一組になって見張り役と実行役とにわかれ、実行役が金を盗んでいる間、見張り役は神社の入り口に立ってあたりの様子を見回し、人影が近づいてくると咳払《せきばら》いをして警告する。運がいい時は、一晩に十万円を超す額が集まり、これが遊びの資金になっていた。

遼太はこれに加わることがあったという。最初は先輩から誘われてやったのだろう。グループの中では、原則的に手に入れた金は山分けするのが決まりだった。だが、平等に行きわたっていたわけではなく、最年少の遼太は少額しかもらえなかったこともあった。

遼太はそんな先輩たちから逃げるわけでもなく、「センパイ、そりゃないぜー」と口癖のように言って、無邪気な笑いを浮かべてくっついていた。

先の木村は語る。

「カミソンはパシリってわけじゃなかったですよ。でも、年が一番下だから、自然とみんなからいじられる感じでした。本人はそれを嫌がっている感じはなかったかな。時々虎男と付き合うのをめんどくさがることはあったけど、それでもグループを離れるわけでもなく、誘いには乗ってきました。剛はそういうカミソンの性格をわかっていたから、虎男の間に立ってかわいがってたんじゃないっすかね」

後述するように、家庭や学校に自分の居場所が見つからなかった遼太にしてみれば、先輩たちとの付き合いが居心地の良さを感じられる場所だったのかもしれない。

しかし、一月十六日から翌未明にかけて、そんな遼太と虎男との関係が変わる出来事が起きた。

この夜、川崎駅の周辺で虎男は、中高生の少年たち六、七名とたむろしていた。金曜日の夜だったこともあり、大半が深夜まで遊ぶつもりだったはずだ。中には、剛や遼太の顔もあった。

午後九時すぎになって、遼太のバスケ部の先輩である中村が、日吉にある祖母の家に用事があるので行かなければならないと言い出した。用事そのものは短時間で終わるという。みんなすることがなかったため、誰からとなく言った。

「じゃあ、中村と一緒に俺らも行こうぜ」

川崎駅から日吉駅までは、乗り換えがあって二十〜三十分ほどかかる。直線距離はさほどないので、自転車で行ってもかかる時間は同じくらいだ。虎男ともう一人は自転車で向かい、遼太を含む他の者たちは電車に乗って、日吉で合流することにした。

虎男たち自転車組は、予定通り十時すぎに日吉に着いた。だが、待てども待てども、電車で行った遼太たちが来ない。やっと姿を現したのは、一時間が経《た》った午後十一時頃だった。

「遅せえよ。何やってたんだよ」と虎男が言う。

メンバーの一人が答えた。

「電車を乗りまちがえちまったんだよ。それでこんな時間がかかっちまった」

一時間も待たされた挙句、謝ろうともしないことが不満だったが、その場では怒りを押し殺した。

中村が祖母の家で用事を終えるのを待ってから、虎男の「飲みたくね？」という一言で、酒を飲むことにした。一同はコンビニに行って、缶ビールや酎《ちゅう》ハイ、それにつまみを購入し、近所の竹林の暗がりで飲みはじめた。時刻は午前〇時を回っていた。

暴行事件が起きたのは、ほどなくしてからだった。後の公判で、虎男はこの晩に飲んだのは五百ミリリットルの缶ビールを二本ほどだったと証言したが、実際はちがったようだ。現場に居合わせた黒澤勇樹《くろさわゆうき》（仮名、事件当時二十歳）はこう語る。

「あの夜、虎男はむちゃくちゃ飲みまくってたよ。たしかあいつが『賽銭泥棒した金があるから、俺が全部おごる』って言って、コンビニですげえ量の酒を買ってきたんだ。一人で鏡月のボトルを半分ぐらい飲んで、その後ビール、酎ハイを何缶か飲んだ後、ウォッカの瓶をほとんど空けちゃった。

あいつ、だんだんとめんどくさい感じになってきて、カミソンと中村に絡みはじめたんだ。『お前らも飲め』って言い出して、ウォッカの蓋《ふた》に中身を注いで一気をさせてた。むしゃくしゃしてるみたいな感じ。それでカミソンと中村にヤキを入れるって言いはじめたんだよ」

竹林で酒を飲んでいた時、遼太と中村は先輩たちに向かって敬語をつかわずにしゃべっていた。いつものことで、先輩たちも特に気にする様子はなかった。だが、虎男は酒を飲んでいるうちに、駅で待たされたことへの怒りを膨らませ、中学生である二人の言葉づかいに絡みだしたのだ。

　虎男は言った。

「おい、カミソン、おめえ、先輩に向かってタメ口きいてんじゃねえよ」

　遼太にしてみれば、なぜ今更という気持ちだったろう。

　虎男は、中村にも嚙《か》みついた。

「中村もだよ！」

　戸惑う二人に言った。

「おまえら、中学生のくせに生意気だ。調子乗ってるだろ。ヤキ入れるから来い」

　遼太と中村は、虎男に駐車場の暗がりへとつれていかれた。その場にいた者たちは突然のことに戸惑ったが、巻き込まれるのを嫌がって黙っていた。

　虎男はまず中村に手を上げ、次に遼太を殴りつけた。公判で虎男は「普通の力で四、五発」殴ったと語っていたが、現場で目撃したメンバーの証言は異なる。こぶしで殴った後、顔面を力任せに足蹴にして、メンバーに制止されてもふり払って暴行をつづけたというのだ。

私刑がようやく終わって遼太の顔を見た時、全員が唖然《あぜん》とした。顔が大きく腫《は》れて、口から血が出ていたのだ。虎男の暴力が常軌を逸したものだったのは、誰の目にも明らかだった。遼太は手で顔を押さえて、黙って痛みをこらえていた。

一人が言った。

「ちょっとヤバくね。これ、もっと腫れるべ」

「だけど、病院とかやってねえだろ」

「でも、何かしねえとヤベえよ」

彼らは話し合って、深夜営業の店で医薬品を買って自分たちで治療をすることにした。絆創膏《ばんそうこう》やマスクといったものを購入し、手当てをしたのだ。しかし、これでは治療というより、傷を覆い隠すだけの処置だ。痛みを和らげる湿布は、遼太自身が購入したという。

虎男は酔いが醒《さ》めて我に返ったのか、急に優しい口調になって言った。

「カミソン、やりすぎてごめんな」

自分が保護観察中であることに気がつき、謝罪してごまかそうとしたのだろう。

遼太は笑顔をつくって答えた。

「自分が悪かったです。こっちこそ、すいません」

「仲良くしような」

「はい」

メンバーたちは、日吉にあるチェーンの中華料理店へ行き、夜食を食べることにした。遼太も帰宅することなくついてきた。明るい店内で見ると、怪我の深刻さはより際立《きわだ》っていた。

閉店まで店に留まってから、川崎へもどることにした。その頃には遼太の両頬と片目は先ほどより大きく腫れていて、別人のような容貌《ようぼう》になっていた。後に全治二週間とされた怪我はひどい内出血を起こしていたのだ。

メンバーたちは、さすがに放っておくわけにいかないと思い、もう一度治療をしようと言い出し、湿布を貼《は》り替える等の処置を施した。

この夜、全員が解散したのは、明け方のことだった。

深夜の日吉で起きたこの暴行は、後に検察によって起訴され「日吉事件」と呼ばれる。

日吉事件が、理不尽極まりないものであることは明らかだ。だが、夜の街で道を外れた少年たちが徒党を組んで虚勢を張っていれば、この類《たぐい》の暴力沙汰《ざた》が起こるのは珍しいことではない。

メンバーたちの思いも同様だった。彼らは虎男に対して「やりすぎ」と感じたものの、大騒ぎするほどのことではないと思っていた。遼太にしても虎男のグループから抜けたところで、他の先輩たちとも付き合いにくくなるだけだ。

みんなそのような思いで日吉でのことには触れず、翌日以降も連絡を取って遊んでいた。表面的にはこれまで通りの関係をつづけていたのだ。

日吉での出来事から約一週間が経った夜も、遼太は虎男と遊ぶため近所のコンビニで待ち合わせをしていた。時刻は、午後十時半頃。約束まで時間が余っていたことから、遼太は大師公園へ向かった。

ここは二つの野球場やプール、テニスコートなどを有する広大な公園だ。昼間は家族連れでにぎわい、春には桜の名所となるが、来園客が消える夜はホームレスや不良たちのたまり場ともなる。この場所で運命を変える出来事が起こる。

公園のあたりをぶらぶらしていたところ、たまたまD中学の先輩グループに鉢合わせした。そのうちの一人が、吉岡浩二《よしおかこうじ》（仮名）だった。

浩二は遼太の顔のアザに気がついて呼び止めた。

「おい、カミソン、その怪我どうしたんだよ」

「え？」

「顔だよ。どうした」

浩二は、キレるとすぐに暴力をふるうことで知られている札付きの不良だった。ここで下手なことを言えば、ことが荒立つのが目に見えている。

　遼太はごまかすことにした。

「ちょっといろいろとあって……」

「はっきり言えよ。殴られたんだろ」

「…………」

「誰にやられた。誰が殴ったんだよ」

暴行による怪我なのははっきりしていた。遼太は嘘《うそ》をつき通せなくなって真実を打ち明けた。

「ちょっと前に虎男君にやられちゃったんです」

「虎男って元K中の奴か」

「はい、そうです」

浩二は、虎男の名前を聞いていきり立った。彼らは虎男と浅からぬ因縁があったのだ。

両者の関係は、浩二の兄である雄一（仮名）の代までさかのぼることになる。雄一はこの地域で恐れられていた元暴走族といわれる不良で、隣の中学に通っていた同学年の虎男を何度か叩きのめしたことがあった。

浩二からすれば、虎男は兄がいじめていたヘタレにすぎない。そんな奴が、自分の後輩の遼太を顔面にアザができるまで暴行したことが許せなかった。浩二は遼太に言った。

「虎男は、今どこにいるんだよ」

「コンビニです」

「何やってんだ」

「これから遊ぶ約束をしてて」

「じゃあ、そこにつれていけ」

まずいことになったと思った。だが、自分のために動こうとしている先輩に「やめてくれ」と言えるわけがない。

遼太が浩二たちをコンビニへつれていくと、店の前で虎男が何も知らずに待っていた。浩二は兄の威光をかざして、年上の虎男に詰め寄った。

「おい、虎男、おまえカミソンをボコったんだってな」

虎男は浩二を見た途端、兄・雄一のことを思い出してたじろいだ。

あれは中学二年の時だった。ゲームセンターで遊んでいたところ、中学の同級生に絡まれてトラブルになり、殴ってしまったことがあった。後に、それを聞きつけた雄一が「俺の仲間をやりやがって」と言いがかりをつけてきて、意識を失ないかけるほどの暴行を受けたのだ。

虎男は言い訳をするように言った。

「だってカミソンが調子に乗って、俺らにタメ口をきいたから……」

「それだけで殴ったのか」

「え」

「それだけでフルボッコにしたのかよ！」

口答えすれば、雄一まで出てくるかもしれない。虎男は頭を下げて謝ることを選んだ。

「悪かったよ。もうしないよ」

さらに浩二の顔を立てるために言った。

「お詫《わ》びに飯おごるよ。俺、悪いことしたから」

その場にいた全員に簡単な軽食をごちそうしたのだ。浩二はいったん許したが、帰り際にこう言った。

「おい、カミソン、虎男のＬＩＮＥ知ってる？」

「は、はい」

「ちょっと教えて」

虎男の前でわざと遼太にＬＩＮＥのＩＤを教えるように求めたのだ。虎男は内心「めんどくせえ」と思いつつ、黙認せざるをえなかった。

この晩、浩二たちは虎男から謝罪の言葉を引き出して満足し、コンビニから去っていった。一方、遼太は虎男に怒られると思ったのか、頭を下げて謝った。

「すいませんでした」

いつもの虎男であれば、「なんでチクった」と激昂《げっこう》し、手を上げただろう。だが、彼は感情を抑えて言った。

「もう、いいよ」

遼太を許したわけではない。背後にいる吉岡兄弟が怖かったのだ。

吉岡兄弟

ここから事態は、思いがけない方向へ転がっていく。虎男のグループの中では収まりつつあった「日吉事件」が、吉岡兄弟の登場でこじれだすのだ。

二月のある日、虎男は数人の後輩たちと一緒に、川崎駅の仲見世通りにあるカラオケ店にいた。大森で賽銭泥棒をして手に入れた金を部屋に持ち込み、勘定と山分けをしていたのである。テーブルの上には大量の硬貨や紙幣が散らばり、総額は約十六万円にも上っていた。

途中、虎男は店内のトイレへ用を足しに行った。すると、偶然そこで吉岡兄弟の兄・雄一と鉢合わせた。雄一は虎男に気づいて声をかけた。

「よう、虎男じゃねえか。何してんだ」

相変わらずいかつい風貌だ。虎男はいきがって言った。

「賽銭を盗んで大金が入ったんだよ」

「マジか。見せろよ」

雄一は虎男の部屋へと行った。薄暗い室内では、後輩たちがテーブルの現金を囲んでいた。雄一が訊《き》いた。

「これ、いくらだ」

「十六万くらい。わけたら一人四万だな」

雄一は何も言わず、仲間のところへもどっていった。

部屋に残った虎男は、後輩たちと再び賽銭の山分けをはじめた。しばらくすると、雄一が部屋にやってきた。彼は虎男に言った。

「虎男、ちょっとだけいいか」

「何？」

「話があるんだ。来いよ」

一抹《いちまつ》の不安を覚えつつ、逆らうわけにいかないという思いから、後輩たちを部屋に残してついていった。

これが罠《わな》だった。二人が出て行ったのを見計らって、部屋に雄一の仲間たちが押しかけてきたのだ。後輩たちにしてみれば、相手は年上の不良ばかりで抵抗の余地はなかった。雄一の仲間たちは、テーブルに置かれていた現金の半分を持っていった。

虎男が部屋にもどってきた時、彼らは立ち去った後だった。後輩から、金を強奪されたことを聞かされたが、雄一のところに押しかけて取り返すだけの勇気はなかった。

それをしても返り討ちに遭うだけだ。後輩の前で顔に泥を塗られながらも、怒りをこらえることしかできなかった。

それから数日後、再び虎男は雄一とぶつかることになる。

この日、虎男の自宅のすぐ近くに一台の車「オデッセイ」が止まった。車内には、雄一とその仲間たちがいた。

雄一はカラオケ店の一件で、虎男が賽銭泥棒で大金を稼いでいるのを知っただけでなく、弟の浩二から日吉事件の話を聞いた。そこで虎男からさらに金を搾《しぼ》り取ってやろうとたくらんでいたのだ。

家には虎男の他、母親、姉、祖母がいた。ドアチャイムが鳴ったので、母親が玄関に出たところ、弟の浩二が立っていた。

「何の用ですか」

「虎男君と遊ぶ約束してるんです。呼んでもらえませんか」

母親は息子の部屋へ上がり、友人が来ているとつたえた。それまで寝ていた虎男は事態に気がついて「遊ぶ約束なんてしていない。帰ってもらって」と頼んだ。母親は玄関へ下りていくと、その通りつたえた。

「うちの子は約束してないって言ってます。帰ってください」

「約束してますよ。呼んでください」

「ダメです。約束がないなら会わせられない」

母親も浩二の風貌を見て不吉なものを察したのだろう。追い返そうとした。

浩二は母親と約束があるないで口論をした後、一旦《いったん》引き返した。数分後、近くで様子をうかがっていた兄の雄一が仲間を引きつれて虎男の家にやって来た。母親は先ほどと同じように、約束がないのならば息子と会わせることはできない、と突き放し、姉も騒ぎを聞きつけて玄関に下りてきた。

雄一たちはあきらめようとしなかった。今度は乱暴にドアチャイムを鳴らし、ドアを力いっぱい叩きだした。

「虎男、出てこいよ！」

怒声があたりに響きわたる。

「おい、いるんだろ。隠れてんじゃねえ！」

祖母が何事かと怯《おび》えだす。家の中に入った母親と姉は危険を察して、部屋に閉じこもっている虎男に言った。

「あんたは絶対に出ていっちゃダメ。ややこしいことになるから！」

母親は携帯電話を取り出し、騒ぎ立てる雄一たちを撮影しはじめた。

「おい、虎男、出てこい！」

祖母はこのままでは大変なことになると考え、家の中から一一〇番通報した。間もなくして警察が駆けつけた。

警察はいきりたつ雄一らをなだめて騒いだ理由を問いただした。彼らはとっさに「虎男が後輩のカミソンを殴った報復に来たんだ」と答えた。悪いのは、最初に暴力をふるった虎男なのだ、と。警察は雄一らに解散するように命じ、その場はいったん収まった。

夜、母親は虎男に、あの男たちは何者なのか、と尋ねた。保護観察中に再び警察沙汰となれば、家庭裁判所から呼び出しがかからないともかぎらない。虎男は怯えた様子で答えた。

「やばい奴らなんだよ」

「どういうこと」

「おっかない奴なんだ。怖い奴らなんだよ」

母親によれば、虎男が怯えて泣きついてきたのはこの時が初めてだったという。そのことから、尋常ではないことが息子の身に降りかかっているのだと思った。

後日、虎男の友人の一人が、吉岡兄弟からこの時のことを直《じか》に聞いている。その証言である。

「俺は吉岡兄弟に会って、虎男の家を襲撃した時のことを教えてもらったよ。狙いは虎男の賽銭泥棒の金だったって言ってた。

二人は家から虎男を呼び出して、日吉事件を理由にして、賽銭泥棒で手に入れた金を巻き上げようとしていたんだ。でも、虎男のばあちゃんに一一〇番通報されて、警察から話を聞かれることになったから、あいつらはごまかすために『仲間のカミソンがボコられた仕返しに来た』って答えたみたい。吉岡兄弟にしてみりゃ、カミソンなんてどうでもよかったと思うよ。

虎男は吉岡兄弟のことをガチでビビってたね。裁判では二人のきょうだいってことになってたみたいだけど、実は三人きょうだいで一番上に別の兄貴がいて、その人がマジで怖い人なんだ」

吉岡兄弟は、虎男からできるだけ大金を取り上げようとしていた。その口実にされたのが、遼太だったのだ。

この日を境に、吉岡兄弟のグループから直接虎男に脅しの連絡が入るようになった。ＬＩＮＥに見知らぬＩＤでメッセージが届くのである。〈どこにいる？〉〈話があるから来いよ〉といった文面だ。名乗ってくることはなかったが、虎男には吉岡兄弟グループの仕業であることは明らかだった。

メッセージを送った理由について、後に雄一は「暇つぶしにやった」とうそぶいている。だが、虎男にしてみれば、こうしたメッセージは恐怖でしかなかった。家に押しかけられただけでなく、ＳＮＳでも脅されたことで、逃げ場を塞《ふさ》がれたような心境になっただろう。そしてその怒りの矛先は、遼太へと向けられた。

——あいつが、日吉でのことを吉岡兄弟にチクったからこんなことになったんだ。

一度そう考えると、虎男の中で遼太への憤怒《ふんぬ》がどんどん膨らんでいった。やがてそれは遼太への殺意と変わるのである。

呼び出し

殺人事件が起こるのは、吉岡兄弟が虎男の家を襲撃した九日後、二月二十日未明のことだ。

あの夜、冬の冷たい闇《やみ》に閉ざされた多摩川の河川敷で、何が起きたのか。

現場にいた三人は、公判の証言台に立ち、事細かにそのいきさつを語った。だが、三人の意見には明らかな食い違いがあった。虎男と剛の証言にさほど違いはないのだが、もう一人の少年の証言はまったく異なったのだ。

これから河川敷で起きたことを記すにあたって、私は虎男の証言を主軸にしたいと考える。それは次の四つの理由からだ。

1、虎男が最初から最後まで現場にいたためすべてを見ていた。

2、刑が確定した後も、事件の経緯に関する証言がほとんど変わらなかった。

3、虎男は重い責任を負うことになる不利益な事実も認める供述をしていた。

4、第三の少年の発言は、裁判でも信憑性《しんぴょうせい》に乏しいと判断された。

したがって、ここから先の記述は、虎男の証言を元に検察の証拠や剛の証言を加えて構成していることを了承いただきたい。

川崎駅から徒歩十分ほどの県道沿いに、廃墟《はいきょ》を模した巨大なビルがそびえている。アミューズメントパーク「ウェアハウス川崎店」である。ここは、香港《ホンコン》のスラム・ビル「九龍城砦《きゅうりゅうじょうさい》」をモチーフとして、八〇年代のアジアの朽ちかけた建物を再現した娯楽施設だ。

内装は廃ビルさながらで、毒々しい赤のライトが曲がりくねった通路をぼんやりと照らしている。エスカレーターを上って広がっているのは、膨大な数のゲーム台が置かれた薄暗いフロアだ。幼さを残す中学生、椅子《いす》にすわって居眠りをするホームレス風の男性、壁に寄りかかって携帯を見ている金髪の女性など、客層は様々だ。

二月十九日の午後五時すぎ、このゲームセンターの一角で、虎男は剛とともにゲームに興じていた。三週間ほど前から虎男は学校にいかなくなっており、剛を呼び出したのだ。

二人が合流して間もなく、虎男のもとにLINEで次のようなメッセージが送られてきた。

〈なぁ、飲もうぜ〉

差出人は、三人目の加害少年である清水星哉《せいや》（仮名、事件当時十七歳）だった。

星哉は、虎男と同じK中学の出身で、高校も同じ定時制に通っていた。高校二年で同じクラスになってからつるむようになり、一緒に日雇いのバイトをしたこともあった。この時星哉は高校を中退していたが、お互いに酒を飲むのが好きだったことから頻繁に会っていたのである。

虎男は剛に言った。

「今から、星哉ん家に行かかね？　あいつの家で飲もうぜ」

剛は、前年の春に虎男から星哉を紹介され、二、三回会ったことがあった。だが、親しいわけでもない上に、酒もそんなに好きではなかった。

「俺、行かない」と剛は断った。

「そう言うなよ」

「でも……」

「行こうぜ。少しだけ。いいだろ」

しつこく誘われた上、一人になってもすることがなかったため、剛はついていくことにした。

星哉が両親と住んでいる家は、川崎大師駅から徒歩十五分ほどのマンションだった。円形のコンクリートの外壁に囲まれた十階建てで、エントランスはオートロック。不動産屋のサイトによれば、中古の３ＬＤＫで約四千万円となっているので、このあたりでは一般的な部類の物件だ。

虎男は自転車に剛と二人乗りして出発し、韓国焼酎《しょうちゅう》「鏡月」のボトルを購入して、星哉のマンションへ行った。到着したのは、午後七時十九分のことだった。

星哉の部屋で、三人は焼酎のお茶割りをつくって飲みながら、携帯ゲームをやったり、たわいもない話をしたりしていた。飲酒量は虎男が五、六杯、星哉が六、七杯だった。

剛の記憶によれば、虎男と星哉は主に高校の友達や仕事の話をしていたそうだ。星哉は高校を中退した後、派遣で建設関係の肉体労働をしていた。虎男は中退後の働き口のことを相談していたのかもしれない。

剛は酒にはほとんど口をつけず、一人退屈そうに携帯に目をやっていた。学校も学年もちがうため話についていけなかったのだ。かといって、「帰る」と言い出せば場の空気を壊してしまう。

午後十時すぎ、鏡月のボトルを半分近く空けたところで、虎男が言った。

「腹減ったな。なんか食いに行かねえか」

三人がマンションを出て向かったのは、近所の古い中華料理店だった。席にすわり、五目チャーハンを一皿、瓶ビールを一本注文した。五目チャーハンは三人でわけ、ビールは虎男と星哉で飲んだ。

剛の携帯電話が震えたのはその時だった。遼太からのＬＩＮＥだった。

〈剛君、何やってるんですか？　ヒマです〉

遊び相手を探しているらしい。

剛は、酔っている虎男と星哉を見て、今夜はやめた方がいいな、と思った。また日吉事件のようなことが起きかねない。彼はメッセージを無視した。

遼太はそんな剛の思いもよそに、なおも誘いのメッセージを送ってきた。虎男がいるとは知らず、〈遊びましょうよ〉〈ヒマだから合流しようかな〉と書いてくるのだ。

剛は突き放すように書いた。

〈ムリだね。ムリなもんはムリ〉

しかし一度は断ったものの、剛は中華料理店でも蚊帳《かや》の外に置かれていたため、だんだんと遼太がここまで言うなら呼んでもいいかなと考えるようになった。単に話し相手がほしかったのだ。

剛は虎男に相談してみることにした。

「なあ、カミソンから暇だってＬＩＮＥが来てるんだ。誘ってもいい？」

虎男はビールを飲みながら、関心がなさそうに答えた。

「別にいいんじゃね」

剛はそれを聞いて、大丈夫だと思い、次のようなメッセージを遼太に送った。

〈やっぱ合流するべ〉

遼太からも返信がきて、会うことになった。

午後十一時十五分頃、三人は食事を終えてビールを飲み干すと店を出て、マンションへと向かった。そのあたりから、虎男は酔いが回ってきたらしく、いら立った様子で、しきりにこうつぶやいていた。

「あー、むかつく。ぶっ飛ばしてえな。ぶっ殺してえ」

誰のことかまでは言っていなかったが、遼太である可能性は高い。剛は、やばいな、と思いつつ、そうなったら止めればいいと黙っていた。

マンションにもどって間もなく、剛の携帯に遼太からＬＩＮＥが届いた。

〈ツタヤで待ってますね〉

マンションから五百メートルほどのところにあるＴＳＵＴＡＹＡ大師店のことだ。ここで合流することになったのである。

剛は虎男にそのことをつたえた。虎男は言った。

「俺がいるってことは言うなよ」

「うん」

「じゃあ、俺のチャリつかって行けよ」

剛は一人先にマンションを出て、虎男の自転車を借りてＴＳＵＴＡＹＡ大師店へ向かった。

店は一階が駐車場で、二階がＤＶＤや漫画が並ぶフロアになっていた。剛は先に到着していた遼太と落ち合い、店内で本を読んだり、追いかけっこをしたりして時間をつぶした。

しばらくして店を出ようということになり、一階の駐車場に下りた。その間に、剛の携帯には虎男からの〈来られる？〉というメッセージが入っていた。遼太をつれて来いという意味にちがいない。剛は虎男が「むかつく。ぶっ飛ばしてえ」と言っていたことを思い出し、牽制《けんせい》する意味で次のようなメッセージを送った。

〈フルボッコだけにしよう〉

剛にしてみれば、やるなら素手で殴る程度にしてくれ、という意味だった。虎男からはすぐに返信があった。

〈いいよ〉

剛は遼太をつれて、川崎大師駅方面へ向かった。

他方、虎男は星哉とともにマンションを出た。防犯カメラには、〇時二十二分に虎男が星哉の仕事用の黒のトートバッグを持って出かける姿が映っている。

駅へ行く途中で、虎男は剛にＬＩＮＥのメッセージを送り、少し手前にある若宮八《はち》幡宮《まんぐう》に待ち合わせ場所を指定した。人目につかないところの方がいいと判断したのだ。

虎男は星哉にこう語っている。

「俺、今、吉岡雄一たちに狙われてるんだよ。家にまで押しかけられて脅されてる。カミソンが日吉で俺にフルボッコにされたことをチクったんだ。それに、俺が無理やりあいつにエス（賽銭泥棒）をさせてるって言い回っているらしい。ふざけやがって」

若宮八幡宮に到着したのは、虎男たちの方が先だった。虎男は付近のマンションのエントランスに隠れて二人を待った。姿を見られると遼太に逃げられると思ったのだ。やがて遼太と剛が自転車に乗って若宮八幡宮の前に現れた。虎男は道路に飛び出すと、まっすぐに歩み寄っていった。

「携帯貸せ！」

虎男はそう言うなり遼太の携帯電話をひったくり、肩に手を回した。

「カミソン、おまえ、雄一に日吉でのことチクっただろ」

「そんなことしてないです」

「ふざけんじゃねえ。後輩から聞いて知ってんだよ。そのせいで俺は吉岡兄弟に脅されてるんだぞ」

遼太は戸惑ったにちがいない。浩二のことは終わった話だし、雄一に告げ口をした記憶はなかった。

「本当にチクってませんよ」

「嘘つくんじゃねえよ！」

聞く耳を持つつもりはないらしい。遼太は、これ以上反論すれば余計に激昂させるだけだと察したのだろう、謝ってその場を済ませようとした。

「すいませんでした。勘弁してください」

これが火に油を注ぐことになった。虎男は怒りをあらわにした。

「ヤキを入れてやる。来い！」

そう言って、肩を組んだまま遼太を若宮八幡宮の外へ引っ張っていった。剛と星哉は、二台の自転車を引いてついていった。

暗い道を歩いている間、虎男は遼太に何度も怒りをぶちまけただけでなく、裏拳《うらけん》でその顔面を殴りつけた。剛が遼太の鼻から血が流れたのを見て言った。

「やめろよ」

人に見つかったら面倒なことになると思ったのだ。虎男は手を下ろし、黙って多摩川の河川敷へと向かっていった。

殺害

鈴木町駅近くのイトーヨーカドー川崎港町店の先に、港町公園がある。この十字路を右折したところに、味の素《もと》の工場などが並ぶ一本の小道が通っている。小道は京急大師線の鉄橋のトンネルにつながっていて、そこを抜けた百メートル先が多摩川の河川敷だ。

虎男たちが土手の前まで来た時、二月の冷たい風の中で川の水音が響いていた。虎男が足を止め、剛に言った。

「チャリを隠して、どっか行ってていいよ」

ヤキを入れるとなれば、遼太と仲の良い剛の存在は邪魔だ。剛はこれから起こることを予期し、自転車を河川敷にあった看板のわきに止めると、三人を残して逃げるようにその場から立ち去った。

虎男は遼太を引っぱるようにして土手を下りていった。そこは一辺四十メートルの草地の三角地帯になっていた。その奥がコンクリートの護岸斜面だ。夜はまったく人影がなくなる場所だ。

虎男は草地で足を止めると、若宮八幡宮で奪った遼太の携帯電話を川に向かって投げ捨てた。吉岡兄弟に連絡されることを恐れたのだ。

そして遼太を護岸斜面までつれていくと、話をぶり返した。

「なんで吉岡兄弟にチクったんだよ！」

「すいません」

「すいませんじゃねえだろ！」

遼太はひたすら謝って切り抜けようとした。星哉がその姿を見て口を挟んできた。

「そういうのが調子に乗ってるって言ってんだよ！」

虎男は遼太を護岸斜面に押し倒し、馬乗りになった。星哉に向かって言う。

「どうする、こいつ」

何発か殴りつけてやるつもりだった。しかし、この時、予期せぬことが起こる。星哉が黒いトートバッグに入っていた作業用カッターナイフを取り出し、差し出してきたのだ。かつて虎男が星哉を誘って引っ越しのバイトをした際に、仕事で必要だからとホームセンターで一緒に買ったものだった。グリップが紫色のオルファ製の作業用カッター。

「これ、つかえよ」

虎男は虚勢を張っていたこともあってカッターを受け取り、脅してやろうと刃を出して遼太の頬を、二、三回切りつけた。傷口から血がにじむ。虎男はさらにカッターを振りかざして腕と膝《ひざ》の上を一回ずつ切った。

遼太が傷口を押さえて痛そうに立ち上がる。虎男は、残酷にもこう命じた。

「おい、服に血がつくよ」

さらにカッターで切るという宣告だった。遼太は恐怖の余り逆らうことができず黙ってパーカーを脱ぎ、寒風が吹きつける中でタンクトップ一枚になった。震えるほどの寒さだったはずだ。

虎男はカッターを握り直し、そんな遼太の首を三回ほど切りつけた。遼太は「うっ」と叫んで、痛そうに顔をゆがめる。

虎男は遼太のタンクトップが血で赤く染まっているのを見て初めて、自分のしていることの重大さに気づいた。初めは痛めつけることが目的だった。だが、これだけの傷を負わせれば、警察に捕まるのは明らかだ。それに吉岡兄弟にだって半殺しにされる。

――もう殺すしかない。

そんな考えが脳裏をよぎったものの、そこまでできる自信がなかった。虎男は弱腰になり、星哉に向かってカッターを差し出した。

「なあ、やってくれよ」

星哉は切れ長の細い目を向けて言った。

「もうちょっと自分でやれ」

虎男は見下されたように感じたのか、カッターを握りしめ、遼太の首を切りつけた。遼太の首から血がほとばしったが、致命傷には至らない。

もう限界だとばかりに虎男は言った。

「やったぞ。替わって」

この時、虎男の本音は星哉に止めてもらいたかった。後の公判で、次のように語っている。

「殺そうと思ったけど実際はうまくできなかったです。途中で怖くなりました。カッターで刺す時に力はあまり入りませんでした。自分では首を切って殺すなんてできないと思い、星哉に『替わって』って頼みました。自分の代わりに切ってほしいというのと、止めてほしいという気持ちが半々くらいでした」

だが、星哉は引き留めるどころか、差し出されたカッターを受け取った。そして遼太の前に歩み寄ると、無言で首の右側を何度か切りつけた。遼太は黙って切られるままになっていたという。

　星哉が再び虎男にカッターをもどしてきた。これ以上できない。虎男はそう思った。思いついたのは、剛にやらせようということだった。ポケットから携帯電話を出し、ＬＩＮＥで電話をかける。

「俺だよ。今どこにいんの？　すぐもどってきて」

　その頃、剛は近所のコンビニでおにぎりを二つ買って食べていたが、連絡を受けて「（暴行が）終わったかもしれない」と思い、走って多摩川へと向かった。

　五分ほどして、土手のあたりから剛の「おーい」という声が聞こえてきた。暗くて三人の姿が見えなかったのだ。虎男は、「こっちだ！」と返事をして剛を護岸斜面に呼び寄せた。

　剛は遼太を見て言葉を失った。次は、その時の衝撃を法廷で述べた言葉である。

「よく見ると、（遼太は）裸で体育座りをしていました。左側の頬、ふとも、腕から血が流れていてびっくりしました。いや、ものすごくびっくりしました。気持ち的にも見ることはできませんでした」

　この時点で遼太は全身十カ所前後切られていた。剛が正視できずに呆然《ぼうぜん》と立ちすくんでいると、星哉が口を開いた。

「川で泳がせれば」

川辺には凍りつくような風が吹きつけていた。気温は五・二度だったから、水は痛みを感じるほどの冷たさだったはずだ。

重傷を負った遼太を泳がせれば、おぼれて勝手に死ぬかもしれない。そうなれば、自分が手を下す必要もなくなる。

虎男は「いいね」とつぶやき、遼太に命じた。

「おい、泳いで」

「…………」

「泳げよ」

遼太は裸のまま川の中に入っていった。対岸までの川幅は、百メートル以上。体は冷水のせいでガタガタと震え、流されずに水に浸《つ》かっているので精いっぱいだったはずだ。きっとこれが終われば解放してもらえるという一縷《いちる》の希望にすがって耐えていたのだろう。

三人は護岸斜面から、暗い川の中を泳いでいる遼太を眺めていた。虎男が言った。

「なんか面白くね」

川辺に軽口が響く。剛が言う。

「あのままじゃ、おぼれるぞ」

川に浮かぶ遼太の頭が時折見えなくなる。

「反対岸まで行っちゃうよ」

剛が叫んだ。

「おーい、カミソン、もどってこい」

暗い川に声が響く。虎男も対岸へ逃げられたら困ると思って呼びかけた。

「もどってこい！」

波の影がゆっくりと近づいてきて、遼太が全身から水を滴《したた》らせて這い上がってきた。おそらくすでに低体温症に近い状態に陥っていたはずだ。

虎男は剛にカッターを差し出し、言い放った。

「おまえもやれよ」

切れ、と言われているのだとわかって当惑した。

「で、できないよ」

「やれっつってんだろ！」

「無理だよ！」

「ふざけんな、やれ」

何度か押し問答をしていると、虎男が激昂して剛をその場に押し倒した。馬乗りになり、血に染まったカッターの刃先を首につきつけて叫ぶ。

「やれって言ってんだろ。やらなきゃ、おまえも切るぞ！」

剛は、カッターを握る虎男の腕をすんでのところで押さえた。

そんな二人の間に、星哉が割って入った。

「やめとけよ」

仲間割れしている場合ではないと忠告したのだ。

虎男はカッターを持つ手を下げて離れると、立ち上がった剛に言った。

「時間見せて」

剛が自分の携帯電話を差し出す。すると、虎男はそれを奪い取り、自分のポケットに突っ込んだ。そしてもう一度カッターを突き出した。

「ほら、やれよ」

携帯電話を取られたことで助けを呼ぶこともできなくなった。剛は「わかった」とカッターを受け取り、全裸の遼太のもとへ歩み寄った。

遼太が怯えた目で、「ごめんなさい」と口を動かす。謝れば許してもらえるのではないかと思ったのだろうか。剛は「ごめん」とつぶやき、そんな遼太の首をカッターで切った。刃先が肉を裂く。遼太は「うっ」と声を上げて前かがみになる。

「これでいい？」と剛は言った。

「まぁ、いいや」

虎男は誰も致命傷を負わせられないことに焦《あせ》っていた。苦し紛れに言った。

「おい、もう一回泳げよ」

遼太は歩こうとしたものの、足元はふらついていた。出血と寒さで朦朧《もうろう》としていたのだろう、護岸斜面を滑り台から落ちるように川へと入っていく。

剛がその様子を見て言った。

「やばいんじゃね……」

それでも川の半分ほどまで進んだ時、虎男は再び遼太を呼びもどした。

「もういい。帰ってこい」

遼太はなんとか護岸斜面を登ってきたが、その場に膝から崩れ落ちた。口からは白い息が出ている。

虎男は剛を促した。

「もう一度やれ」

今度は抵抗することなく、カッターを握りしめた。一度手を下した以上、何度やっても同じだという感覚に陥ったのだ。それにこのままでは次に標的にされるのは自分かもしれない。

剛がカッターを持って近づくと、遼太は正座を崩したようにすわり込んだまま目に涙をたくさん浮かべ、口を動かした。先ほどと同じように「ごめんなさい」と言っているようだが声にならない。剛は首の左側に刃を当てると、一気に喉《のど》に向かって引いた。血がほとばしる。

虎男がさらに命じた。

「反対側もやれ」

ナイフを逆の手に持ち換え、同じように首の右側も切った。

「もう、いいでしょ」と剛が言う。

「ああ」

虎男はカッターを受け取り、次に星哉に手わたした。カッターは血と脂《あぶら》で濡《ぬ》れていたにちがいない。星哉はカッターで切るより先に遼太の髪をつかみ、護岸斜面のコンクリートに思い切り頭を叩きつけた。ゴッという音が響く。

剛はこれから起こることを予想していたたまれなくなった。

「俺、見張りに行ってくる」

剛は逃げるように一人で土手の方へ歩いていった。その最中、背後から再び星哉が遼太の頭部をコンクリートに叩きつける鈍い音が聞こえてきた。

護岸斜面では、星哉が四つん這いになった遼太にカッターを持って近づいていった。そしてそれをふり下ろした。相当の力が入っていたらしく、首に当たった途端に刃が折れ、それが転がる金属音が暗闇の底でする。

「刃、拾う？」と星哉は言った。

「いや、いい」

護岸斜面で遼太はうつ伏せになってぐったりとしていた。星哉は虎男にカッターを返した。

虎男は覚悟を決めて受け取った。ここまでやったら、とどめを刺すしかない。そんな決意めいた思いがあったのかもしれない。新しい刃を出し、倒れたままの遼太の左側の首をカッターで力いっぱい切り裂いた。刃先が「ずしん」と皮膚の奥まで刺さる感触があった。

瞬間、遼太の悲痛な叫び声が上がった。

「ああー！」

うつ伏せになったまま、動かなくなった。

虎男は見下ろしながら、手に残った感触から、「死んじゃったな」と思った。土手へ行っていた剛が、悲鳴を聞きつけて青い顔をしてもどってくる。虎男はつっぷしたままの遼太を見ていてだんだんと怖くなり、星哉に言った。

「川の方にやって」

星哉は遼太の脇《わき》に手を入れて運ぼうとしたが、力の抜けた体は重くて動かすことができなかった。彼は靴底で蹴るようにして遼太を川へ転がした。血だらけの体は護岸斜面から落ち、仰向けになって止まった。傷ついた下半身が冷たい水につかっている。

「息してるか」と虎男は訊いた。

星哉が遼太の顔に耳を近づける。

「少ししてんな」

しかし、誰一人遼太を助けようとは言わなかった。

「帰ろう」

虎男はそう言って遼太が脱ぎ捨てた洋服を集め、剛に押しつけた。

「これ持って、チャリのところで待ってて」

剛は服を受け取り、先に現場を離れた。虎男と星哉は携帯のライトで地面を照らして遺留品が残っていないかどうかを確認した後、現場を去った。

三人は河川敷を離れると、星哉のマンションの方角へ向かった。自転車の籠《かご》には遼太の血だらけの服が入れられている。

最初に立ち寄ったのは、近所のコンビニだった。店の前で止まると、虎男は中に入ろうとせずに剛に言った。

「上着脱いで」

「え？」

「この金で、オイル買ってきて」

千円札を差し出した。上着を脱ぐように命じ、自分は店内に入らなかったのは、防犯カメラを気にしてのことだった。剛はもらったお札を握りしめて一人で店に入り、言われた通りにライター用のオイルを二缶購入した。

次に向かったのは、二百メートルほど離れた伊勢町第一公園だった。住宅街の公園としては広く、桜の木が何本も植えられている。中央にあるのは、三角屋根の公衆トイレだ。男子用は白いタイル、女子用は薄ピンクのタイルでわけられている。

午前三時前の公園は静まり返っていた。虎男は人影がないのを確かめてから自転車を止め、またも剛に命じた。

「カミソンの服、トイレに持って行ってくれね」

剛は、遼太の服やスニーカーをひとまとめにして抱え、女子トイレに運んだ。その際、遼太の服のポケットに入っていた財布やヘッドホンを取り出して自分のポケットとバッグに入れた。公判では「形見にしようと思った」と語っているが、盗むつもりだったのだろう。

女子トイレには和式の便器が一つあり、剛はそこに衣服を置いた。虎男と星哉が後からやってくる。

「もういいから。外で見張ってて」

虎男は剛を追い出すと、オイル缶を出し、液体を服にまきはじめた。オイルのにおいがトイレに充満する。

服にオイルが十分に染《し》み込んだのを確かめ、虎男は火をつけた。服や靴にボッと炎が上がり、燃えはじめる。虎男と星哉は衣服が火に包まれるのを見届けてから、自転車に乗り、急いで現場を立ち去った。

その後、虎男は、剛に公園に引き返してちゃんと衣服が燃えたかどうか確かめてくるよう命じ、自分は星哉とともに先にマンションへもどった。

剛は言われた通り、一人で公園に向かった。女子トイレの中からは大きな炎が立ち上り、老人がそれを見つめていた。炎は相当な勢いだった。剛が声をかけてみると、老人は答えた。

「もう通報したよ」

一一九番に通報したということなのだろう。剛は老人に火を借りて煙草を吸いはじめ、少しの間炎を見つめていた。だが、警察がやってきて事情聴取されるかもしれないと不安に駆られ、立ち去ることにした。

この後、剛は虎男と星哉と合流した。防犯カメラには、星哉がマンションの北側出入り口を飛び越えて中に入る一方で、虎男と剛は正面のエントランスから顔を隠すようにして帰ってくるところが録画されている。

それから約二時間半、三人はマンションですごした。事件について語ったのは、「今夜のことは黙っていよう」と口裏を合わせた時だけ。それから夜明け頃まで、殺害のことなどなかったかのように、携帯電話でゲームをやって遊び、午前五時三十五分にマンションを後にした。

信じがたいことに、これ以降、三人のＬＩＮＥの履歴には事件のことを綴《つづ》った言葉がほとんど見当たらない。やりとりされているのは、お互いの様子確認とゲームに関するメッセージばかりなのだ。

この日から逮捕まで虎男たちのＬＩＮＥの記録で、具体的に事件について触れられているのは一回だけ。事件の翌日の二十一日のことだ。おそらくワイドショーか何かで遼太の名前が出たのを知ったのだろう、剛が虎男にこういうメッセージを送っている。

〈ニュース見た?〉

それ以降、LINEの履歴には、事件のことは一度も出てこない。

第二章　家族

家族の誕生

なぜ遼太は、年上の虎男たちと連日のように夜遊びをくり返していたのか。

事件をマスコミが報じた時、多くの人の間でそうした疑問の声が上がったのは自然の成り行きだった。

中学一年生にとって十七、八歳の少年は一回りも二回りも上の大人のような存在で、普通の中学生ならば遊ぶことさえためらうだろう。だが、遼太は虎男から暴力をふるわれた後も、一緒に夜遊びをくり返していた。

遼太が虎男たちとかかわりを持つようになった理由を明らかにするには、家庭や学校での状況に目を留める必要がある。

両親が築いた家庭は、どのようなものだったのか。なぜ西ノ島から川崎に引っ越してきたのか。夜遊びをすることを親や学校はどう見ていたのか。

遼太を取り巻いていた環境に光を当てることで、事件に巻き込まれた中学一年の少年の内面について考えてみたい。

遼太の父・善明は、一九七〇年の暮れ、事件が起きた川崎で生まれた。

両親は結婚当初こそ東京に暮らしていたのだが、善明を妊娠したことをきっかけに川崎へ引っ越した。宮城県出身の母親のきょうだいが先に住んでいたため、育児をするには近くに相談できる人がいた方がいいだろうという判断があったのだ。

川崎で最初に住んだ家は、事件発生時の星哉のマンションのすぐ傍にあった。その家で、両親は善明を大切に育てた。

小学一年生の秋に、一家に不幸が訪れる。父親が若くして他界してしまったのだ。母親はシングルマザーとして善明を育てなければならなくなり、翌年から遼太の衣服が燃やされた伊勢町第一公園の近所の家へ引っ越す。

善明は学区域が変わって隣のＫ小学校へ転校し、虎男と星哉が通っていたＫ中学校へ進学した。つまり、善明は息子を殺した加害少年三人のうち二人の先輩という関係なのである。

善明は語る。

「遼太が殺された多摩川は、子供の頃の遊び場だったんです。友達とスポーツをしたり、花火を見に行ったりしました。服を燃やされた公園だってそうです。家が目と鼻の先にありましたから、放課後や休日に遊んでいました。そういう土地で、遼太を殺されたんです」

県立高校を卒業した善明は、美容学校へ進学した後、美容院に勤めた。だが、どうしても仕事が肌に合わずにほどなくして辞める。

善明は友人の姉がママをしているスナックで、店の手伝いをしながら仕事を探すことにした。キッチンでの調理や細かな雑務などが主な仕事だったが、時にはカウンターの奥に立って客の話し相手になることもあった。

少しして新しい職場が決まった。水道会社の配管工である。善明は日中はそこで働き、夜は友人とつれ立って川崎の店を飲み歩いた。

ある日、善明は仕事仲間とともに川崎大師駅近くのスナックに入った。そこで働いていたのが、後に妻となる雅子だった。雅子とは地元が同じだった。善明が自己紹介をすると、雅子がびっくりした表情で言った。

「私、お客さんのこと知ってますよ」

「え？」

「高校一年の時、ずっと同じ通学電車に乗っていたんです。わかりませんか？」

善明が高校三年の時、二歳下の雅子は高校一年だ。善明は記憶になかったが、彼女ははっきりと覚えていたのである。

この店に通うようになるまで長い時間はかからなかった。善明は雅子や店のスタッフと仲良くなり、ママを伴って数人で小旅行へ出かけることもあった。ちょっとした地元の友達グループのような関係だったのだろう。ただ当時、雅子には仕事で知り合った恋人がおり、二人の関係は友達以上に発展することはなかった。

雅子が店を辞めたのは、しばらくしてからだった。交際中の男性と結婚することが決まったのだ。店の雰囲気は少しずつ変わり、いつしか善明の足も遠のいていった。

二年の月日が流れた。ある晩、善明が飲み屋街で一杯ひっかけていると、たまたま雅子と出くわした。再会を喜び、何をしているのかと尋ねると、雅子が答えた。

「私、離婚しちゃったんだ。今は、実家で暮らしてるの」

離婚したことは風の噂《うわさ》で聞いていた。

「そうなんだ」

「実家にいても、長男の面倒とか生活が大変なの。またあのスナックで働くことになってるから今度遊びに来て」

後日、善明は久々にスナックを訪れた。カウンターには、懐《なつ》かしい雅子の顔があった。善明は昔にもどったような気持ちになり、再び店に通いだした。仕事が終われば店へ行き、遅い時間までグラスを傾けながらたわいもない話をする。いつしか二人の距離は縮まり、男女の関係になった。

二人が同棲《どうせい》することを決めた時、幼い長男の新太郎（仮名）も一緒だった。それまで何度かデートの際に、雅子が新太郎をつれていったところ、善明に懐いていた。善明も子供が嫌いではなかった。

同棲をはじめて間もなく、雅子のお腹《なか》に新しい命が宿った。次男の遼太である。善明は雅子と入籍することにした。善明が三十歳、雅子が二十八歳の時だった。

遼太が誕生したのは、二〇〇一年四月二十九日のことだ。命名の理由は、「身体《からだ》がでっかい人間じゃなくてもいい。とにかく心が広く大らかであってほしい」という願いからだった。善明は呼びやすいこともあってこの名前をいたく気に入った。

一家の生活は順調に滑り出していたかのように思えたが、ある問題を抱えていた。新太郎の持病である。幼い頃から激しい喘息《ぜんそく》を抱えていて、発作が起こると痰《たん》が絡《から》んで呼吸ができなくなるほどだった。ひどい発作を起こした場合は、新太郎を逆さまにして指を喉《のど》に入れ、無理やり吐かせなければならないこともあった。夫婦にしてみれば、生後間もない遼太の世話をしながら、新太郎の看病をするのは大きな負担だった。どちらからともなく、新太郎の健康のために、空気がいい地方へ移り住むべきかもしれないという話が出た。

移住の話が具体化したのは、遼太と年子の長女・舞（仮名）の妊娠がわかってからだった。この時善明は都内の施工管理会社に勤めていたが、地方に移るならこのタイミングだと考えた。

「よし、引っ越そう。東京の近郊なら会社まで通えるから大丈夫だ」

あれこれと問い合わせ、千葉県印西市の公団住宅に住めることになった。印西市は利根川、印旛《いんば》沼、手賀沼に囲まれた豊かな自然を残す土地として知られていて、昔ながらの田園風景も点在している。そんな町での生活は、新太郎と遼太と舞という三人の子供を抱えてはじまった。

当初、善明は千葉の家から都内の会社に通っていたが、千葉県内の運送会社へ転職することにした。たまたま雅子の父親が役員をしていた会社の営業所が近くにあり、紹介してもらったのである。運送会社で任されたのは、トラックの行先を決める配車係。雅子は専業主婦として家事に専念していた。

緑に囲まれた印西市の空気は清らかで、新太郎も喘息を悪化させることなくすくすくと育った。遼太も喘息を持ってはいたが、ベビーカーに乗せても嫌がって降りてしまうくらい元気で、二、三歳になる頃にはあちらこちらを好き放題に駆け回るようになった。善明と雅子はどこへ出かける時も、「遼太、待ちなさい！」「止まりなさい！」と大声を出して追いかけてばかりいた。

そんなある日、これまでの生活が一変する出来事が起こる。裁判所から書類が届いたのだ。そこには、団地の家賃が長期にわたって支払われていない旨《むね》が書かれていた。早急に支払わなければ、団地からの立ち退きを余儀なくされてしまう。

善明はこうふり返る。

「家賃の滞納についてはまったく知りませんでした。僕は毎日仕事だったので、家のことはすべて遼太の母親に任せていました。収入はありましたし、公団なので家賃も高いわけではなかった。家族五人とはいえ、子供はみな小さかったから生活費は十分まかなえたはず。なので、初めて裁判所から書類が届いた時は、何かのまちがいじゃないかと思ったほどです。

事情は、すぐに明らかになりました。遼太の母親がカードローンであれこれと買い物をしたせいで首が回らなくなっていた。それで家賃の支払いが滞ってしまっていたのです。僕にはまったく知らされていなかったことでした」

善明に言わせれば、こうなったのは雅子の買い物に関する意識のズレが原因だったという。

「遼太の母親は金銭感覚が狂っているという感じではありません。ブランド物を買いまくるみたいな金づかいの荒さはない。ただ、ほしいものを目にした時に我慢できないんです。自分の物でも、子供の服でも、ほしいと思ったら買わずにいられない。たとえば、携帯ショップへ行って新しい機種を見つけて気に入ると、その場で買っちゃうんです。

僕も長い付き合いなのでその性格を知っていましたが、それでも限度はあるだろうし、家賃くらいは払うはずだと思っていました。でも、そうじゃなかった。調べたところ、千葉のイオンでクレジットカードをつくり、ローンで次から次に買い物をしているうちに、返済に行き詰まったようでした。

彼女がお金に困ったことは、これまでも何度かありましたが、実家の両親に無理を言って用立ててもらっていました。まぁ、一人娘ですからね。でも、あの当時はすでに実家にかなりの借金をしていたこともあって、相談できなかった。それでもって家賃の滞納ということになってしまったようです」

滞納していた家賃を払おうにも、それだけの貯《たくわ》えはまったくなかった。

善明は自ら裁判所に出向いて事情を打ち明け、返済のための支払い計画をつくって提出した。計画通りに少しずつ返済するという条件で、団地に住みつづけられることになった。

少しでも収入を増やすため、善明は運送会社への出勤前に、新聞配達のアルバイトを掛け持ちすることを決めた。毎朝午前三時に新聞配達所へ行き、カブに乗って畑に囲まれた道を二時間ほど回って配達し、それから会社へ出かけるのだ。朝刊のみだったが、週六日の勤務で八、九万円の収入になり、なんとか返済の目途が立った。

ところが、しばらくして再び裁判所から通知が届いた。今なお滞納がつづいているという内容だった。一体どうなっているのか。確かめたところ、新聞配達をして稼いだお金を、雅子は家賃の未払い分ではなく、カードローンの支払いに充《あ》てていたことが判明した。

もはや手遅れだった。一家は団地を出ていかざるをえなくなった。二人の間には、ちょうど四人目の子供となる次女が生まれたばかり。どうせなら、まったく新しい土地で一からスタートしたい。

善明は地方に移住するつもりで、インターネットで職を探すことにした。小さな頃に、漁師になる夢を持っていたことから、漁業の仕事を中心に調べた。偶然目に留まったのが、西ノ島の漁業会社の求人だった。

西ノ島の若者は島を出て都会に行ってしまう傾向が強いため、自治体の協力の下にＩターン（都会から地方への移住）の募集を積極的に行っていた。島民の十四パーセントがＩターンの移住者なのだという。詳しく調べてみると、移住に関する補助金の支援、安価な住宅の斡旋《あっせん》、子育て支援といった制度が整っていて、給与体系も明確だった。

ここでなら、新しい生活をはじめられるかもしれない。

善明は希望を膨らませ、雅子と子供たちをつれて西ノ島へ移り住むことを決めた。

西ノ島

遼太が五歳の年、一家は千葉を離れ、西ノ島へと引っ越した。

西ノ島は、隠岐諸島にある四つの有人島のうち二番目に大きな島だが、人口は三千人ほど。自然に包まれた島の主な産業は漁業で、島民たちの娯楽と言えばパチンコか夏祭り、それに釣りくらいだ。

とはいえ、子供たちにとって島は楽園のような遊び場だろう。空き地はたくさんあるし、騒いでも文句を言われることもない。透き通った海に釣り糸を垂らせばマダイ、メバル、キスといった魚が面白いように釣れる。森を飛び交う蝶《ちょう》、家の明かりに集まるカブトムシ、日本海を一望できる丘に放牧された牛や馬、都会では目にできないものばかりだ。

一家が住んだのは、由良《ゆら》と呼ばれる地区の町営住宅だった。善明は雇われ漁師として漁船に乗ったが、最初は仕事に慣れるのに相当苦労した。

漁師の仕事は肉体的にも労働環境的にも非常に厳しい。夕方に漁船に乗って出港し、港にもどってくるのは翌朝明るくなってから。時化《しけ》で休漁になる以外は、定休日は土曜日しかなく、稀《まれ》に一週間くらい沖に出つづけることもある。その間、重い網を引いたり、大量の魚を港にあげたりしなければならず、疲労のあまり嘔吐《おうと》することもあり、島に来て一年で体重は十キロ落ちた。

善明は語る。

「一番つらかったのは、子供と会う時間があまりなかったことです。仕事が終わるのは朝で、帰宅する時刻には子供たちは入れ違いに学校です。やっと学校から帰ってきたと思ったら、今度は僕が船に乗らなければならない。休日は疲れ果てて休んでいることが多かったし、そもそも昼夜が逆転している生活。どうしても子供たちと一緒にいる時間が少なくなってしまったんです」

雅子は次女を保育園に預けられるようになると、島にあった旅館や養護老人ホームなどでパートをはじめた。旅館は常勤というわけではなく、週末やシーズンの繁忙期だけ呼ばれる雇用形態だったため、勤務日や収入が一定しているわけではなかった。そうしたこともあって、後にヘルパーの資格を取得して福祉施設で働くようになった。

島に暮らす人物は、そんな一家についてこう語る。

「都会から来て、あれだけ多くの子供を抱えて島の生活に慣れるのは大変だったと思います。移住してくる方の中には島を理想郷みたいに思っている人もいますが、現実的には仕事は少なく、店や施設も乏しいので厳しいことばかりですから。

島では車がなければどこへも行けないのに、雅子さんは免許を持ってなかったはずです。毎日自転車に乗って遠くの勤め先まで通っているのを見ました。子供のためにがんばってるんだなと感心しましたね」

都会で生まれ育った善明と雅子にしてみれば、島での仕事や人付き合いはもちろん、移動手段などあらゆることが初めてで、細かな心労は数えきれなかったにちがいない。

幼い子供たちの方は、島での生活に慣れるまでは大した時間はかからなかった。兄の新太郎は利口でどちらかといえば物静かな性格だったが、遼太は小学校に上がってからも、あいかわらず元気よく走り回って誰にでも愛嬌《あいきょう》たっぷりに接するタイプだった。父親に言わせれば、「不器用だが、明るいお調子者」。近所の住民たちの間にもすぐに溶け込み、一回りも二回りも年上の人とも遊んでいた。島の人たちはそんな遼太をかわいがり、よく釣りへ誘った。

一緒に遊んだという島民は言う。

「遼太に会ったのは、僕が二十代半ばの時かな。年の差とは関係なく、誰とでも仲良くする子でした。何度か挨拶《あいさつ》をされているうちに、『じゃあ、今度釣りでも行くか』みたいな話になったんですよ。それでボートに乗せて一日中釣りをやっていた。ポイントとか、餌《えさ》のつけ方とか教えてあげました。

島の人たちはほとんど知り合いか親戚《しんせき》みたいな関係だから、年の差は関係なく、お互いに平気で声をかけ合います。都会から来た人は、それに慣れるまで時間がかかるけど、遼太はもともとそれができるタイプでしたね。むしろ、島で生まれ育った子よりも大らかだったかも。だからこそ、事件を知った時は、あんなふうに明るく先輩たちに声をかける性格が仇《あだ》になったのかなと思いました」

善明は、日々の生活で家族サービスができないぶん、お盆休みには子供たちをつれて本土へ旅行することにしていた。フェリーで海をわたり、島根県内の松江や隣の鳥取県の米子に泊まるのだ。

島には娯楽施設がまったくなかったことから、映画館やショッピングモールへつれていくと、子供たちは遊園地にでも来たかのように大喜びしてはしゃいだ。ファミリーレストランの広いテーブルや、カフェのスイーツなどは見るだけでも新鮮だっただろう。島では食べられないものをお腹いっぱい食べ、好きなものを買ってもらう。そんなふうに思う存分遊んで、また島に帰るというのが、お盆の慣例だった。

普段の生活の中でも、子供たち同士の仲は良好だった。新太郎と遼太は、年が五歳離れていて、性格も趣味もまったくちがっていたため、べったりとくっついて遊んでいたわけではなかったが、言い争うようなことはあまりなかった。

一度、善明が十九トンの大型漁船で仕事をしていた時に、二人を乗せて船内を見せて回ったことがあった。すると、二人は船内でベッドを見つけて飛び乗り、はしゃいで遊びだした。善明はそれを見て、「結構仲がいいんだな」と改めて思った。

島での暮らしが長くなるにつれ、夫婦の絆《きずな》に少しずつ亀《き》裂《れつ》が入るようになる。善明は慣れない仕事に疲れ果て、雅子の方も見知らぬ島での四人の子育てにストレスをため込んでいたのだろう、二人は些《さ》細《さい》なことでぶつかり、言い争いをすることが増えた。

善明に言わせれば、衝突の原因となったのが家の中の散らかり様だった。雅子は料理や洗濯はするが、川崎や千葉で暮らしていた時からあまり片づけができなかった。引っ越しの荷物、食べ終わった食器、ゴミの入った袋、残った料理など、いろんなものを出しっぱなしにする癖があったのだ。何度注意しても、「わかった」と答えるだけで一向に改める様子がない。

朝、徹夜での仕事から帰って、そういう光景を目にすると、いい加減にしろ、と声を上げたい気持ちになる。善明がその言葉を飲み込んで自分の手で片づけをはじめると、雅子は逆に怒りをあらわにした。

「それって、私への嫌味とかあてつけなの？」

「そんなつもりじゃない」

「じゃあ、そういうのやめてよ！」

善明も疲れから聞き流すゆとりがなく、とっさに強い言葉で言い返してしまう。雅子も逆上して嚙《か》みついてくる。二人はお互いを罵《ののし》り合った。

家の中がどれだけ散らかっていたかを客観的に判断するのは難しい。だが、一家を知る島民は次のように語る。

「家の中は片づけができていない印象はありました。両親が働いていて、子供が小さいことを差し引いても、足の踏み場がない感じで、あんまり自分の子供を入れたくないかなと思うくらいでした。

遼太君の服装もきれいではありませんでした。汚れた洋服を何日も着ていた。あまり洗濯をしていなかったんですかね。

あと、一時期下の子がアトピーで困っていることがありました。島の人たちの中には、『アトピーが良くならないのは、食生活に気をつかってもらっていないからじゃないか』っていう人もいました。本当かどうか知りませんが、そんな目で見ていた人が少なくないということじゃないでしょうか」

島民からは他に「遼太が人の家の冷蔵庫を勝手に開けてご飯を食べていた」とか「人の釣り竿《ざお》を勝手に持ち出してしまっていた」という証言があった。人懐っこさとは別に、親のしつけが行き届いていない印象があったのかもしれない。

誤解のないよう書くが、これは雅子がネグレクト（育児放棄）をしていたというわけではない。彼女はパートを掛け持ちし、なんとか子供たちを育て上げようと尽力していた。それはひとえに子供たちへの愛情ゆえだっただろう。善明自身も「遼太の母親は子供たちを真剣に愛していたと思います」と述べている。

先の島民もそれは察していた。だからこそ、こうもつづける。

「すごく頑張っていた人だと思いますし、応援している人もたくさんいました。でも、なんとなくズレているところがあったように思います。

いつの頃だったかはっきりしませんが、福祉施設に勤めていた時に、突然無断欠勤をしたことがありました。理由も言わずにぴたりと来なくなってしまったんです。しばらくして、彼女は何事もなかったかのようにもどってきて、また働かせてくれって頼んできました。けど、職場の上司が断って受け入れなかった。それはそうですよね」

カードローンのことなど考えれば、日常の細かなところにまで気が回らないタイプだったのかもしれない。

善明によれば、雅子とは生活態度だけでなく、子育てにおいても考え方に大きな隔たりがあったという。たとえば善明は子供が悪いことをすれば厳しく叱《しか》って正すべきと考える一方で、オンとオフの区別を大切に思い、お盆の旅行の間などは、子供たちに好きなことを好きなだけさせてあげたかった。

だが、雅子はそうではなかった。日常生活だろうと旅行中だろうと、同じ向き合い方を貫くべきだとし、子供たちが悪いことをすれば、旅館の中でも普段と同じように注意し、聞く耳を持たない時は、手を上げることもあった。

善明が疑問を抱いて、「それはちがうだろ」と指摘すると、今度は怒りの矛先が自分に向けられる。子供たちの前で夫婦喧嘩《げんか》が起こることもよくあったそうだ。

ここに述べたのは善明の所見であり、雅子にしてみれば別の意見もあるかもしれない。ただ、夫婦喧嘩で犠牲になるのは、それを見せられる子供たちだ。同じ家の中で、両親が大きな声で怒鳴り合う光景を前にして、幼い子供たちは怯《おび》えながら何を感じていただろうか。

離婚

西ノ島に来てわずか四年で、遼太の両親は離婚という決断を下す。二人は夫婦喧嘩でお互いを傷つけながらも、それぞれ慣れない土地で根を張ろうと懸命に関係を保とうとしていた。だが、善明の言葉に従えば、予期していなかった出来事が運命を変えたそうだ。

その日も、善明が漁の仕事から帰ったのは朝だった。いつものように魚をつまみに酒を飲んでから眠っていたところ、雅子に起こされた。雅子は言った。

「中学校で新太郎が保護されたみたい」

「保護された？」

「児童相談所のところにいるって」

何のことだかわからないまま、話し合いの場が設けられることになった。

島根県松江市には中央児童相談所があり、隠岐諸島には分所である「隠岐相談室」が設置されている。善明はそこの職員から話を聞くことになった。職員は次のように言った。

「この度、私どもはお父様と新太郎君との親子関係が適切でないと判断して一時保護の措置をとることにしました」

一時保護という言葉に驚きを隠せなかった。たしかに善明は新太郎との間に距離を感じることがあったが、どの親子でも多少なりとも起こりうることではないか。

「適切でないとは、どういうことでしょう」と善明は尋ねた。

「ご家庭で新太郎君が虐待《ぎゃくたい》を受けているという通報を受けたのです」

「虐待？」

「はい。学校側から連絡があったんです。それで事実関係を確認し、保護に踏み切りました」

話を聞いてみると、新太郎が学校で書いた作文が問題視されたようだった。新太郎はそこに「父親に叩《たた》かれた」と書いていたらしい。

言われてみれば、たしかにそうした出来事は何度かあった。少し前にも、新太郎が中学のテニス部で行われていた試合に負けて帰ってきた。彼は敗戦にしょげて「ダメだった」と泣いていた。

善明はこの新太郎の態度を見て、それはちがうのではないか、と思った。これまで新太郎はあまり熱心に練習に打ち込んでおらず、何が何でも勝利を手にしたいという気概を感じたことはなかった。善明は泣いている新太郎に言った。

「試合に負けて悔しいなら、悔いが残らないくらい練習してみろ。それをしないで泣くな。次の試合の前まで、筋トレとかマラソンをしろ」

一生懸命に取り組むことの大切さをつたえたかったのだ。だが、新太郎は父の言葉に応《こた》えて無我夢中に練習しようとはしなかった。

善明は児童相談所の職員に言い返した。

「僕が新太郎に手を上げたのは、しつけのためです。虐待をしたわけじゃありません」

「しつけって言っても手を上げたわけですよね」

「それはそうですが……」

「やったならば、虐待です。子供の嫌がることをしてはいけません」

「ちょっと待ってください。悪いことをしたり、約束を守らなかったりしたら、親としては叩いてでもわからせようとするのは当然でしょ。そんなことを一々虐待と言っていたら何もできない」

「手を出すことは一切認められません。お父様がそれをしているのを確認すれば、我々はお子さんを保護することになります」

「何を言ってるんだ。だったら、もし子供が他人の命を奪おうとしたらどうするんだ。それを殴ってでも止めるのが親だろ。それも虐待だって言うのか」

「いかなる理由があっても、子供に手を出すことは認められません」

落としどころのない対話がつづいた。

善明の言う「手を上げた」が、どの程度のものだったのかは定かではない。新太郎の受け取り方にもよるだろうし、一回二回のことではなく、これまで様々な問題が蓄積した結果の訴えだったとも考えられる。児童相談所とて、何かしらの根拠があったからこそ、一時保護に踏み切ったのだろう。

その前提に立った上で、善明の意見を引用したい。

「僕は、体罰を完全にノーというつもりはありません。親である以上、時には殴ってでも、きちんとしつけをするということは必要だと考えているんです。児童相談所は『子供と向かい合って話をすればわかるはず』と言いますが、聞かない子は聞かない。たとえば、遼太を殺した犯人たちがそうじゃないでしょうか。彼らだって幼い頃から人を殺しちゃいけないって言われていたはずですよね。それでもやったわけです。親が子供の保護者として責任を負わなければならないのなら、彼らのような言っても聞かない子にわからせるために手を上げることはまちがいじゃないと思うんです。

児童相談所は何が何でもダメという姿勢を崩さなかった。叩くこと自体がダメ、子供が嫌がることをしてはダメという姿勢。それらはすべて虐待なので許すことはできないということでした」

両者の間に横たわる溝は深く、話し合いは平行線をたどった。結局、善明と雅子が選んだのは、新太郎を取り戻すために離婚をすることだった。

善明はつづける。

「児童相談所の主張は明確でした。虐待をする僕がいる家庭に、新太郎を返すことはできないということです。返してほしければ、僕が家にいてはいけないとのことでした。

遼太の母親は、なんとか新太郎を取り戻したがっていました。僕もその気持ちはわかってましたので、彼女と話し合って、ひとまず離婚しようということになったのです。つまり、僕たちはお互い嫌になって別れたわけではなかった。あくまで離婚は新太郎を取り戻すための措置だったんです」

善明の言葉を借りれば、円満な形で離婚をすることになったそうだ。この時、雅子のお腹の中には、五人目の小さな命が宿っていた。

児童相談所との話し合いの後、善明は由良の住居に留まり、雅子は身重の体で子供たちをつれて船越という地区へ移り住んだ。新太郎も一時保護所からもどされることになった。雅子は妊娠中だったため、市の職員と話し合って生活保護を受けることにした。

二つの家は、直線距離で二キロ程度とさほど遠くはなかった。善明の話では、離婚の直後は、自分たちも子供もお互いの家をしばしば行き来していたそうだ。毎週土曜日には遼太と舞が、善明の家に遊びに来るのが習わしになっていたし、逆に善明が仕事で多めにもらった魚をおすそ分けに持っていくこともあった。

遼太との思い出は、土曜日に遊びに来た際にしたサッカーだ。家の近くに遼太が通う西ノ島小学校があり、休日は校庭が開放される。善明は遼太と広い校庭へ行って二人でボールを追いかけた。通りがかった同級生や近所の知人が声をかけてきて加わることもあった。

外遊びの他に、遼太は幼い頃からゲームが大好きで、別居後は「ゲーム買ってよ」とよくねだられた。善明がニンテンドーDSを買い与えた時は、飛び上がるほど喜んだ。

善明は、雅子とつかず離れずの距離を保ちながら、子供たちと毎週会う生活を送りたいと考えていたが、いくつかの事情から関係が悪化していく。

その一つが、養育費の問題だった。離婚を決めた際、善明は子供たちの養育費として月々五万円を支払う取り決めをしていた。だが、雅子が生活保護を受給することになった。制度上は、雅子が養育費をもらえば、その分の受給額が減額されることになる。二人は、これでは養育費を払う意味がなくなると考え、受給期間中は支払いを停止することにした。

ところが後日、善明は島に変な噂が広まっていることを知る。「善明が養育費を払っていないせいで、雅子たち一家が生活に困って大変な思いをしている」というのだ。雅子以外に養育費を支払っていないのを知る人はいない。噂の出元は彼女なのだろう。

善明は裏切られたような気持ちになった。二人の間で決めたことなのに、どうして事実とはちがう話をするのか。不信感を募らせていたところ、雅子から唐突に連絡がきた。彼女は言った。

「養育費の件、口約束だけだと心配だから裁判所へ行くことにした。いいでしょ」

正式な文書で残しておくということだろう。なんで今さら、と善明は思ったが、噂のこともあって冷静に話し合う気になれず、こう答えた。

「そうしたいのなら、そうすればいいよ」

雅子が裁判所へ行くことはなかったようだが、その後も善明が養育費を支払っていないという話は収まることはなかった。

同じ頃、別の噂が島に流れたことがあった。「離婚の原因は善明の家庭内暴力だったらしい」と語られるようになったのだ。家庭内の話ゆえに、これも雅子が言っているとしか考えられなかった。ますます雅子への不信感が募った。

善明は語る。

「養育費の話にしても、家庭内暴力の話にしても、何がどうしてそうなるのかって気持ちでした。児童相談所との協議では、僕は家庭内暴力は否定しましたし、遼太の母親だって『そんな事実はない』と言ってくれていました。それなのに、離婚した途端に、変な話が流れだしたのです。遼太の母親は一方的に僕を悪者にすることで、自分を『犠牲者』に見せたがっていたのかもしれません。僕は子供に手を上げたのはしつけの時だけですし、彼女には一度だって暴力をふるったことはない。最初は噂を聞く度に否定していましたが、次第にもういいやと思うようになって放っておくことにしました」

噂が広まるにつれ、島の人も余計にあることないこと語りはじめる。二人の関係は日に日に悪くなっていった。これに子供たちも巻き込まれた。

別居から半年が経《た》った頃、善明と子供たちとの関係に亀裂が入る出来事が起きた。それまでは毎週土曜日に、遼太と舞が善明の家を訪れて一緒にすごす習慣をつづけていた。七、八歳の子供たちにしてみれば、週に一日父親に思い切り甘えられるのは大切な時間だっただろう。

ある日、善明がその約束を断ったことがあった。前日から徹夜で海に出て漁や船の修理をしていたせいで、心身ともに疲れ果て、子供の相手をする気力がなかったのだ。それで雅子に連絡をし、今日だけ会うのを止《や》めたい、とつたえたところ、雅子が逆上した。

「勝手なこと言わないでよ。子供たちが楽しみにしていたのに！　もう絶対に行かせない！」

なんでそんな極端な話になるのかと思った。

その日以降、本当に雅子は遼太と舞を善明の家に行かせなくなった。子供たちにしてみれば、母親から行くなと命じられれば従うしかなかっただろう。

遼太は、善明に会えなくなってからスポーツに熱中するようになった。特に夢中になったのが、学校でやっていたミニバスケットボールだった。一般的なバスケのコートの大きさや時間を小規模にしたものだが、基本的なルールは同じだ。

ミニバスをはじめたのは、遼太が陸上大会で自分の運動神経に自信を持ったのがきっかけだったようだ。陸上大会が行われる数日前から、遼太は雅子に対してしきりに「ママ、来てね」と頼んでいた。雅子も、そこまで楽しみにしているなら、と早朝から張り切ってお弁当をつくって出かけた。

大会で、遼太は八百メートル走の選手に選ばれていた。スタートラインに並び、「よーい、スタート」で走りだすと、一気に先頭に躍り出て、そのまま一位でテープを切って優勝した。これで自信がついたのだろう、後日、学校の文集に「走るの大好き」という題で作文を書き、ミニバスをやりたいと言いはじめたのだ。

それまでやっていた剣道を辞め、ミニバス一本に絞り、来る日も来る日も練習に明け暮れた。もともとすばしっこかったこともあって、コートの上では巧みに相手をかわして、果敢にゴールを狙《ねら》った。練習の成果もあって、五年生の時には、副キャプテンに選ばれるまでに上達した。

この頃が、遼太の人生がもっとも充実していた時期だった。クラブでは同級生や後輩から頼りにされ、教師陣からの信頼も厚く、五年生の臨海学校では学校の代表として他校の生徒たちを前に、島のマリンスポーツを紹介する役を担《にな》った。

クラスメイトの間では、ムードメーカーとして振る舞っていた。当時の教師たちが覚えているのは、六年生の春に広島へ修学旅行に行った時のことだ。遼太は編笠《あみがさ》を被《かぶ》り、木刀を腰に差した侍風の格好で現れ、みんなを大笑いさせたという。そういう茶目っ気のあるところが、好かれる要因だった。

ただ、後から考えれば、この時の遼太は明るく振る舞うことで、家庭を覆《おお》っていた暗い影をふり払おうとしていたのかもしれない。公判の意見陳述での、雅子の言葉がそれを表している。遼太の思い出について語った個所である。

　小五で副キャップに選ばれ、その頃私は夫と長女のことで悩み家に引きこもっていました。

ミニバスの母親仲間に、息子のバスケの調子が上がってきているんだから、ちゃんと見てあげてと怒られました。

それからミニバスに集中し、息子の練習を最初から最後まで見ていました。息子のおかげで、私は立ち直ることができました。

「母さん、母さん、シュート何本入ったよ」

息子はいつも、私を喜ばせるためにがんばっていました。息子はいつでも、自慢の息子でした。

隠岐大会で優勝し、県大会に出場。優勝カップと一緒に撮ったその写真が、一番好きです。

(※傍点著者)

西ノ島で遼太は整形外科医になりたいと語っていた。ミニバスの練習中の怪我《けが》で整形外科が身近にあったのかもしれない。後年、母親にこう言った。

「僕が大きくなったら、家を買ってあげるね!」

別居後も、母親が生活保護を受給したり、パートと家事の両立で大変な思いをしたりしているのを見てきた。遼太はそんな母親に少しでも楽をさせてあげたいと思って、そんなふうに言ったのだろう。

しかし、西ノ島での牧歌的な生活は、またもや親の都合によって強引に幕が下ろされるのである。

川崎

二〇一三年五月の連休の後、島の山々は春の花の色に染まっていた。港の売店や旅館の周辺には、観光に来た人々の姿がちらほらと見かけられるようになり、海では船を浮かべて釣り糸を垂らす人の姿が増えていた。この時期は、マダイやイシダイがよく釣れるのだ。

その日の朝、善明は仕事を終えて帰宅し、いつものように寝る前の一人酒を楽しんでいた。冬に比べると、春の海は格段に働きやすく、仕事終わりの酒の味もうまく感じられた。

家に人が訪ねてきたのは、そんな時だった。善明がドアを開けると、長女の舞が立っていた。

「どうしたんだ。今日は学校じゃないのか？」

この春で小学五年生になっているはずだった。舞は弱々しい口調で答えた。

「学校、行きたくない……」

声が沈んでいた。

「なんでだよ。何かあったのか」

「学校でいじわるされた。だから、行きたくない」

初耳だった。

「学校の先生には言ったのか」

「…………」

「お母さんにも言ってないのか? どうしてお母さんのところじゃなく、うちに来たんだ?」

「…………」

善明は困惑した。舞が望んでいるなら、無理に学校へ行かせる必要はない。だが、自分のところにいさせていいのだろうか。

ひとまず家に舞を上げると、善明は雅子と学校に連絡を入れて事情を説明した。舞の思いをつたえ、今後の対応を話し合ったのだ。雅子も、学校側も、本人の希望ならば、ということで、学校へ行く気になるまで善明の家に住まわせることで同意した。

舞が善明の家で暮らす期間は、一日また一日と延びていった。途中から学校へ行くようになったが、家には帰りたくないとのことで引き続き残ることになったのだ。

善明は、舞の心境が変わるまで黙って待つことにしていた。心配だったのが、仕事に出ている間のことだ。島の治安はいいとはいえ、真夜中に家に一人で残すのは不安だ。善明は携帯電話を買い与え、何かあればすぐに連絡を取り合えるようにした。

舞との生活は瞬《またた》く間にすぎていった。何度か、「家に帰らなくていいのか」と軽く尋ねても、舞は首を縦にふろうとしなかった。おそらく雅子との関係がうまくいっていないのだろう。舞はあまり器用な性格ではない。思春期に差しかかり母親と衝突することが増えていたのではないか。善明はそう思ったものの、あえてそこには触れないようにした。

雅子が川崎へ引っ越そうとしているという話を聞いたのは、そんな頃だった。学校の教師と行政の福祉事務所の担当者から連絡があり、舞の今後について話し合う場が設けられた。その際に、こう教えられたのだ。

「舞ちゃんは島を離れるようですね。お母さまの方から一学期いっぱいで、川崎のご実家に帰るとお聞きしました」

にわかには信じられなかった。雅子が子供たちをつれて川崎へ帰るということなのか。

話し合いを終えた後、善明は家で舞にそのことを尋ねてみた。舞は答えた。

「うん、そんな話は出てる」

「舞はどう思っているんだ？」

「行きたくない。島にいたい」

善明は、舞が家に帰りたがらない理由がわかった気がした。

「行きたくないと言ってもな……。他の子たちは何て？」

「遼太も行きたくないみたい。島に残りたいって」

善明には思い当たることがあった。今年の冬くらいから、遼太がちょくちょく家にやってくるようになったのだ。友達と遊んでいる合間や、学校帰りなどに、ふと姿を見せて「お腹が空いたんだ。何かない？」などと訊《き》いてくるのである。もしかしたら、すでに雅子から川崎行きの話が出ていたのかもしれない。

その日は結論を出さず、何日かかけて善明は川崎への移住の是非について考えてみた。島から子供たちがいなくなるのは寂しいが、彼らの将来を考えれば、致し方のないことなのかもしれない。

子供たちはこれから中学校へ進学して進路を決めていくことになる。島に残ったところで隣の島の高校にフェリーで通うか、本土の高校の寮に入るかの二者択一だ。その先の大学進学や就職のことまで考えれば、今のうちに都会へ移って選択肢を広げるのも一つではないだろうか。

後日、善明は子供たちに、自分の考えをつたえた。

「おまえたちが島にいたい気持ちはわかる。でも、島にいたって漁師になるくらいしか道はない。それなら、川崎へ行った方が将来の可能性は広がるはずだ。川崎には、おじいちゃんやおばあちゃんもいるから相談にも乗ってもらえると思う」

この言葉がどれだけ響いたかはわからない。だが、父親にまで川崎行きを勧められれば、子供たちは何も言えなくなっただろう。

「わかった。川崎に行く」

子供たちの回答に、善明はほっと胸をなで下ろした。

出発は七月の終わりだった。その日の港は、灼熱《しゃくねつ》の中で海の香をいっぱいに漂わせていた。海鳥と蟬《せみ》の鳴き声が響きわたる中、フェリー乗り場には同級生や島の大人たち約七十人が一家の見送りのために集まっている。中には、ミニバスの仲間たちの顔もあった。彼らは大きな声で小学校の校歌をうたってくれた。

港ではみんながつくってくれた〈遼太　頑張れ〉という大きな横断幕が海風にはた

めいている。いろんな人たちから言葉をかけられているうちに、遼太は涙をこらえるのが精いっぱいでうまく言葉が出なくなった。

やがて出発のアナウンスが流れ、フェリーがエンジンの音を大きくしてゆっくりと動きはじめた。乗り場のみんなが別れを惜しむように「元気でね」「連絡しろよ」と叫ぶ。投げられた何色ものカラーテープが港とフェリーの間に虹《にじ》のように伸びる。

誰かが「フレー、フレー」と高い声で言いはじめた。周りにいた人たちがそれに合わせて次々と「フレー、フレー、フレー」と言いだす。川崎での暮らしを応援してくれているのだ。遼太は声をふり絞って叫んだ。

「ありがとう。行ってくるね！　みんな元気でね！」

島の人たちの声はいつまでも響いている。遼太は甲板に立ち、その姿が見えなくなるまで必死に手をふりつづけた。

川崎に到着した一家は、まず雅子の実家に身を寄せた。両親にしてみれば、一人娘がシングルマザーとなって五人の孫を抱えてもどってくれば、迎え入れるのは当然だっただろう。

家は住宅街にあるとはいえ、近くには巨大な工場や倉庫が数えきれないくらいに建ち並んでいる。目と鼻の先を通る産業道路や首都高速道路には、昼夜の区別なく車が走り抜け、休日ともなれば電車の中は競馬場や競輪場の客でいっぱいになる。西ノ島に比べれば、街全体が巨大な要塞《ようさい》のように見えたのではないか。

遼太と舞はそんな都会の喧騒に慣れることができず、夏休みの間だけでもいいから島にもどりたいと切望した。そこで善明に頼み込み、引っ越しからわずか二週間足らずで西ノ島に帰ることにした。八月の終わりまでという約束で、家に泊めてもらったのである。善明は子供たちを迎え入れ、お盆には米子へ旅行につれていった。

二学期の開始とともに、遼太は川崎市内の市立D小学校に通いはじめた。引っ越し当初は町に慣れなかったが、人懐っこい性格の彼が同級生の輪に溶け込むのにさほど時間はかからなかった。転校したその日に、同級生たちがドッヂボールをしているところに入っていき、声をかけたのである。

「僕も仲間に入れてくれない？」

同級生たちは嫌な顔ひとつせず、「いいよ」と入れた。それ以降、遼太は彼らと親しくなり、休み時間や放課後に遊ぶようになった。

小学校の同級生たちは遼太に「ウエリョウ」という親しみのあるあだ名をつけた。スポーツが万能で、屈託のない明るさがあったため、クラスで友達の中にいても自然と目立った。女の子もすぐに「ウエリョウ」とあだ名で呼ぶようになった。

新しい小学校での生活は順調に幕を開けたが、実家の生活はあまりうまくいっていなかったようだ。善明が語るには、経済的な問題があったらしい。雅子は川崎に来てパートをはじめていたものの、それだけで五人の子供を育てるのは難しかったのだろう。祖父も定年退職して経済的に余裕があるわけではなかった。

ある日、善明のもとに電話がかかってきた。舞の携帯電話からだったが、雅子の声が聞こえてきた。金の無心だった。

「申し訳ないけど、お金貸してくれない？ すぐに返すから」

川崎に引っ越したことで生活保護が受けられなくなったのかもしれない。困窮してつらい思いをするのは子供たちだ。善明は頼まれた通り、十万円を送金した。

雅子は、貸した金をなかなか返そうとしなかった。そればかりか、また連絡をしてきてこう言った。

「今後も子供に会いたいのなら、養育費を払って。もともと養育費を払うって約束だったでしょ」

養育費を支払う約束をしたのは事実だ。善明は「いいよ」と答え、毎月二十日に振り込むことにした。

川崎での生活がどのような状態だったのかは本人たちにしかわからない。だが、遼太を知る人々によれば、家庭に問題があることをうかがわせる言動はあったようだ。たとえば、近所に暮らす同年代の女の子によれば、遼太が夕食時に家にやってきて、ご飯を食べていったことが何度かあったという。遼太はこう語っていたそうだ。

「うちは夕飯までに帰らないと、みんなに食べられて食事がなくなるんだ」

それを聞いて、女の子は遼太が抱えている家庭の闇《やみ》を垣間《かいま》見《み》たような気がしたという。

学校で友達と遊ぶようになっても、遼太と舞は西ノ島での生活に未練を引きずっていたらしい。舞は携帯電話のメールで、たびたび善明に「島に遊びに行きたい」「そっちに行っていい?」と送ってきた。

善明の言葉である。

「舞からは夏休みにつづいて、冬休みにも島に帰りたいと言われました。けど、正月の島には何もないし、冬だとフェリーの出航も不安定です。それで『パパがそっちに行くよ』と言って、僕の方が川崎に会いに行くことになったんです。

一週間くらい滞在しましたかね。川崎のホテルに泊まり、遊びに来てくれた遼太と舞をつれて八景島シーパラダイスへ行きました。遼太に携帯電話を買い与えたのもこの休みの時です。

以前から遼太には『携帯を買ってよ』とねだられていました。舞には家出した時に買ってあげていましたから、兄の自分だけが買ってもらってないという不満があったんでしょう。僕も遼太の気持ちはわかっていましたので、一台買ってあげたんです。携帯代の他に、使用料も僕が負担していました。それまで遼太は舞の携帯を借りて僕のところに連絡してきましたけど、それ以降は自分の携帯からかけてくるようになりました」

冬休みが終わって三学期がはじまると、遼太と舞は西ノ島への思いを胸にしまって、同級生たちの輪の中にもどった。引っ越して半年が経っていたことで、遼太には多くの友達ができていた。

近所に暮らす山中俊之《としの》介《すけ》（仮名、事件当時七十歳）は語る。

「初めて見かけたのは、遼太君が小学生の時だったね。大師公園にいたら、小学生の男子数人のグループがうちの孫をからかっていたんだ。知っている顔があったので、すぐに同じ学校の男子たちだろうとわかった。それで注意しようとして声をかけたら、彼らの中に遼太君がいた。

知らない顔だったので、君は初めての子だなって訊いてみたら、西ノ島から来たって言うんだ。思わず、こう言ったよ。『なんでわざわざ川崎みたいな汚い町に来たんだ』って。屈託なくエヘへって笑っていたね。男子たちのグループには、『遼太君を変なことに誘わないで、みんなで守ってやれよ』って言っておいた」

遼太は小学校の中では元気な男の子のグループに属していたが、決していじめっ子というわけではなかった。特に困っている友人に対しては自分のことのように同情して、親身に接した。

こんなエピソードがある。寒い冬の日、小学校で仲良くしていた男の子が、親とケンカして家を飛び出したことがあった。遼太はそれを知り、「僕たちは親友だから付き合うよ」と言って大師公園までついてきて、凍《い》てつく夜の底ですべり台の下に身をかがめ、一緒に夜を明かしたのである。

このエピソードは一部の人たちの間で、遼太のやさしさを示すものとして語り継がれている。

たしかに遼太は人の心の痛みがわかる子だったのだろう。だが、これを美談で済ませていいのか疑問は残る。小学六年の男の子が、友人に同情したとはいえ、家に帰らずに真冬の公園で一晩を明かすのは尋常なことではない。

遼太がそこまで友人を憐《あわ》れんで寄り添った背景には、彼自身もまた同じような寂しさを抱えていたからではないか。母親ら家族にしても、なぜ彼を見つけて家につれもどしてあげることができなかったのか。

うがった見方かもしれないが、私には、寒風が吹きすさぶ公園で二人が打ち震えている姿が、どうしても家庭の事情を背負った子供同士が傷をなめ合っているように思えてならないのだ。

小学校では卒業の準備が着々と進んでいた。この頃につくられた卒業文集には、半年をすごした川崎のことではなく、西ノ島での思い出がたくさん綴《つづ》られている。

〈西ノ島小学校の思い出〉

ぼくは六年の九月にD小に転校してきました。西ノ島小は島根県の北の日本海にある小さな島です。

西ノ島小では、学校が終わると友だちと五人くらいで海水浴をしに行きます。川崎の海よりすき通った青色をしていてきれいです。泳いでいるアジやカンパチを見る事が出来ます。

給食は、島の名産のイカ焼きがたまに出ます。今でも食べたくなる事があります。

遼太の心は、未《いま》だに西ノ島の雄大な自然の中にあったのだろう。

川崎の海は潮の香りすらせず、工場や倉庫で遮られている。西ノ島の海を知っている遼太にとって川崎の町は、息苦しい無機質な要塞のような場所でしかなかったのかもしれない。

とはいえ、卒業式を間近に控えた遼太は、もはや川崎で生きていくしかないことをわかっていたはずだ。同じ卒業文集には、中学生活の抱負が次のように書かれている。

〈中学生になったら〉

僕は中学生になったら、部活をがんばりたいです。部活は、バスケ部がいいです。センター以外なら自信があるのでどのポジションでも、エースになれるようにがんばりたいです。

勉強では、苦手なものはありませんが、特に国語や算数をがんばって、計算や漢字をできるようになりたいです。

中学校での楽しみは、修学旅行です。もし行けたら、奈良に行きたいです。奈良だったらシカ公園でシカせんべいをあげたいです。どんな味がするのか自分でもたべたいです。

遼太には、西ノ島でミニバスをしていた楽しい思い出がある。試合ごとに母親が弁当を持って観戦に来て、大声で応援をしてくれた。遼太は中学校でバスケ部に入れば、そんな懐かしい日々がもどってくるかもしれないと思っていたのではないだろうか。

中学時代

市立D中学に入学後、遼太はバスケットボール部に入ることにした。中学でもすぐに周りの人たちと仲良くなった。先輩からも「カミソン」とあだ名で呼ばれたのは、親しみやすい性格ゆえだった。

入学当初こそ、遼太はバスケ部の練習に熱心に通ってボールを追い駆けていた。足が速く、経験もあったことから、同級生の間では一目置かれる存在だった。

だが、一学期の途中から、遼太の関心はバスケから離れ、夜の町へと移っていく。部活が終わった後、まっすぐに帰宅せずに同級生や先輩たちと夜遅くまで公園やコンビニの前でたむろするようになったのだ。

遼太と同級生の孫を持つ山中は次のように語る。

「遼太君のことは心配だったね。小学校の時に同じグループの仲の良かった子たちは、みんな隣のM中に進学し、遼太君だけがD中に行ったんだよ。だから中学生になってまた一人ぼっちになってしまった。僕は中学へ行ってからのことはあまり知らないけど、彼を守ってあげられる同年代の友達がいなかったんじゃないかな」

悪い予感は的中する。彼は先輩に誘われてゲームセンターなどに出入りするようになってから、一気にその交友関係を広げていくのだ。遼太に年上のグループを紹介したのが、バスケ部の先輩の中村らだった。遼太はそんな年上の者たちとつるんでいくうちに、次第に非行に手を染めていくようになる。

比嘉は語る。

「カミソンはいろんな先輩グループに出入りしていたけど、俺が知っているかぎりは、二学期に出会った時はすでに賽銭《さいせん》泥棒はしてたはずだよ。
煙草《たばこ》は普通に吸ってたね。カミソンといえば、メビウスの十ミリ。最初はアイスブラスト（マールボロ）で、金がない日は親のマルメン（マールボロメンソール）を盗んで吸ってたけど、基本はメビウス。よく『先輩、煙草買ってくださいよー』って甘えた声で言われてたよ。母さんから煙草やめろって言われてるって話してたから、親も知ってたんじゃねえの？」

なぜ遼太は好きだったバスケへの情熱を失い、先輩グループと夜遊びをするようになったのか。その背景には、家庭が抱えていた問題があったと考えられる。

実は遼太の家庭環境は、引っ越してきた時とは大きく様変わりしていた。

雅子は川崎に来て一年ほどで両親のいる実家を離れ、Ｄ中学の真横にあるマンションの３ＬＤＫの部屋に引っ越していた。養育費が月五万円振り込まれていたとはいえ、不動産サイトで見るかぎり家賃は十二〜十三万円。雅子は五人の子供を育てるために、昼と夜とで二つのパートをかけもちしていた。

友人たちによれば、遼太のマンションに遊びに行っても、母親がいることはまずなかったという。小さな子供たちの面倒は、長男の新太郎がみていたらしい。

さらにマンションに引っ越して間もなく、雅子の恋人が同居することになった。羽田春次郎（仮名）である。少し前から雅子がダブルワークをする傍ら交際をはじめていたようだ。

このことについて善明は語る。

「新しい恋人がいるっていう話は、舞から聞いていました。僕と会った時に、下の子が母親の彼氏とどこかへ行ってると言われたんです。詳しいことは聞いていませんが、男ができたんだろうなとは思っていました。遼太は彼氏のことは何一つ言っていませんでした。

この年の夏休み、舞はそうしたこともあってか、一カ月間ずっと西ノ島にいました。川崎にいたくなかったのかもしれません。遼太はバスケ部の練習があるから来られないと言っていましたが、今思えば、この頃から練習に行かなくなって、先輩とつるみはじめているんですよね……。

八月の終わりになって、舞は川崎にもどっていきました。米子空港まで送っていって、『ついたら連絡くれよ』と言って別れました。そしたら、その日のうちにメールがきて『(川崎に帰ったら)家が変わってたよ』と言われたんです。舞が知らないうちに引っ越しが行われていたみたいなんです」

この新しいマンションに、春次郎が移ってきたのである。思春期の男の子二人に加えて妹弟三人、それに母親とその恋人、合計七人での生活を子供たちはどう感じていただろう。

公判で、雅子は遼太が春次郎の服を着るなどして「遼太も認めてくれた」と語っていた。遼太があからさまに嫌な顔をすることがなかったのは事実なのかもしれない。だが、十代の男の子が、母親のつれてきた見知らぬ男性との同居を果たして心から喜んだろうか。

二学期がはじまると、遼太はバスケ部の練習にまったく行かなくなる。何人かの友人が部活に誘ったが、言葉を濁して立ち去った。放課後、彼はますます公園やゲームセンターに入り浸るようになる。そこには先輩たちのグループがいつも遼太を待っていてくれた。

遼太はこうした生活をそれなりに楽しんでいたらしい。短かった髪を伸ばし、女の子に積極的に声をかけ付き合うようになった。

黒澤は言う。

「カミソンはすげえ女子にモテたね。顔がかわいいから、そりゃそうでしょって感じ。カミソンもそれをわかってて、『僕が告れば（告白すれば）、かならずＯＫもらえるんすよ』って自慢してた。俺の知ってる限り、四人と付き合ってたかな。すげえって思われるくらいモテてた。後々、虎男がカミソンにキレるようになったのは、そのことへの妬《ねた》みもあったと思うよ」

もっとも、まじめな女子の間では、逆に「チャラくなった」と囁《ささや》かれていたのだが。

ゲームセンターに入り浸るうちに、遼太の帰宅時間は日に日に遅くなっていった。母親が夜まで働いていたことで厳しく咎《とが》められることも少なかったのかもしれない。

秋になる頃には、外で夜を明かすこともあった。

友人の話によれば、遼太は家に帰らない時、次のようにすごしていたようだ。

ある夜、中村が家で嫌なことがあり、今夜は帰らないと言いだした。他の先輩たちが同調して「だったら俺も付き合うよ」と言うと、遼太も「俺もついていきますよ」とくっついてきた。

グループのメンバーは徹夜をすることを決めたものの遊ぶ金がなかった。そこで大森へ行き、賽銭泥棒をして現金を手に入れた。あらかじめ川崎、横浜、大森あたりの寺や神社を物色してどこが盗みやすいかを把握していたのだ。彼らは手に入れた金で漫画喫茶に行き、朝まですごしたという。

すでに遼太が夕食を家ではなく、友人宅でとっていたエピソードは紹介したが、夜遊びが常態化したことで、それはますます顕著になっていたようだ。遼太の先輩の一人は、家での夕飯だけでなく、休日に行うバーベキューなどにも遼太をつれていってご馳《ち》走《そう》していた。

さらに「神奈川新聞」には、このようなエピソードが紹介されている。

夏休みと重なったこの時期、学校から約1キロ離れた大師公園に、上村君が姿を現すようになった。学校や学年の垣根を越え、バスケなどを楽しんでいたという。「おばさん、おにぎりある？」。公園でホームレス支援に当たる60代女性は、空腹の上村君に何度か、にぎり飯をごちそうした。「小さくてかわいくて、素直な子」。子や孫と接するような温かい目で見守っていたが、昨秋以降は一度も公園で会えていない。

（「神奈川新聞」二〇一五年二月二十七日）

ホームレスの炊《た》き出しに行ってまで、おにぎりをもらっていたのである。家には家族がいるのに、なぜそこまでして外ですごそうとしたのか。

黒澤の言葉である。

「クソみたいな家庭ってたくさんあるじゃん。それに比べれば、カミソンの家は、虐《ぎゃく》待《たい》とかＤＶがあるわけじゃないからマシだったと思うよ。マンションに行ったことあるけど、きょうだいがたくさんいてにぎやかだった。兄貴が厳しくて、遼太が宿題をしないと叱《しか》ってくるって言ってたね。まあまあ仲良かったんじゃね。

でも、家にあれだけきょうだいがいると、居場所とかはなかったかもしれない。自分一人の部屋とかなかっただろうし、小さな子供の面倒も見なきゃいけないし、母さんの恋人も住んでいたんでしょ。そりゃ、家にいたくねえよ。夜遅くまで俺らとつるんでたのは、そのせいでしょ。

俺らはカミソンのことかわいがってたよ。出入りしていたグループのみんなは、定時制か、高校中退のフリーターばかりで、キレてケンカになったらガチで怖いけど、普段はすげえ優しいもん。カミソンは年下だからやさしくされて、煙草とか買ってもらってた。そういうとこはうまかったからね。家にいるよりは、俺らといる方が居心地はよかったんじゃねえかな」

家に居場所を失い、夜の町を流《る》浪《ろう》する少年たちがつくり上げた「疑似家族」の中で、遼太は末っ子のようにかわいがられていたのだろう。

虎男と出会うのは、そんな二学期が終わり、冬休みに入ってからだった。

二〇一四年十二月の年末、善明は一年ぶりに川崎に滞在していた。

この年の年末も、善明のもとには舞から「冬休みの期間中に島へ遊びに行きたい」というメッセージが入っていた。そこで善明は前年と同じように、自分が川崎に行くことにしたのである。十二月二十八日から一月二日まで六日間の宿泊予定だった。

二十九日は、午前中に川崎で舞と会って古くなった携帯電話を買い替え、その後遼太を入れて三人で映画館へ行った。遼太は「遊園地に行きたい！」とせがんだのだが、そこまで時間がなかったため、映画を観《み》に行くことにしたのである。川崎ＤＩＣＥに入っているシネマコンプレックスに行ったところ、遼太が見つけたのが映画『寄生獣』のポスターだった。

「これ観ようよ！」

善明は遼太の願いを聞き入れ、三人で映画館に入った。

上映後、遼太はこの映画をいたく気に入り、おもしろかったとくり返し、四月に公開される続編も観に行きたいと言いだした。善明は「わかった、観ような」と約束した。

町へ出てから、善明は遼太にスニーカーを買ってあげた。遼太は心から喜んでいる様子だった。わずか一カ月半後に、このスニーカーは虎男たちに焼かれ、靴底の一部だけが女子トイレから見つかることになるのだが――。

翌日三十日は善明の四十四歳の誕生日で、子供たちをつれて昔の友人に会って誕生日を祝う予定だった。だが、朝になって突然舞から連絡があり、こう言われた。

「今日遊びに行けない」

「どうして？」

「ママがダメって言ってる……」

雅子は時折、感情的になって子供たちを押さえつけるような物言いをすることがある。きっと今回もそうなのだろうと思ってあきらめ、友人と二人だけで誕生日をすごすことにした。

次に子供たちと会えたのは、年の明けた一月一日だった。前日に連絡を取り合い、川崎大師駅で待ち合わせをしていた。元旦の初詣《はつもうで》客で混雑する駅前で、善明は二人に会うのを心待ちにしていたが、やってきたのは舞一人だった。

「あれ、遼太はどうした？」

舞ははっきりとした返事をしない。善明は遼太の携帯に電話して、今日はどうするつもりなのかと尋ねた。遼太は短く答えた。

「今日は、行かないよ……」

詳しい理由を説明しようとしない。善明はしょうがないなと思いつつ、舞と二人で食事に行くことにした。

この日、舞はなぜか元気がなく口数も少なかった。顔色もよくない。レストランで昼食をとっていたところ、彼女は急に「気分が悪い」と言いはじめた。その日は気をつかって家に帰すことにした。

最後に遼太に会ったのは、翌二日だった。前日の夕方、善明が舞を家に帰した後、遼太からメールが届いたのだ。そこには〈明日、会おう〉と短く書かれていた。善明は午後には川崎を出て西ノ島に帰らなければならなかったため、京急川崎駅前で待ち合わせて昼食をともにすることにした。

二人が向かったのは、川崎ＤＩＣＥの中にある回転寿司店（現在は閉店）だった。前の年の正月に食べに来たところ、「おいしい！　おいしい！」を連発していたので、今回もつれて行ったのだ。マグロ問屋がやっている店だった。

遼太は回ってくる皿に次々と手を伸ばし、マグロやサーモンなどを口にした。善明はそれを見ながら、遼太が魚好きだったことを思い出した。幼い頃から漁で獲《と》ったイカやアジを食べさせると満面の笑みで舌鼓《したつづみ》を打っていた。一番の好物は、ハマチだったっけ。

善明は言った。

「そういえば、遼太、煙草吸ったの見つかって怒られたんだって？」

「え？　誰が言ってたの？」

「舞が教えてくれたんだよ」

「舞のヤツ」

「お前、いい加減にしろよな。俺だって一年前にやめたんだから、遼太もやめろよ」

「うん」

善明は怒るわけでもなく、やさしい目線で見つめた。男の子なんだから少しくらいやんちゃをすることだってあるくらいにしか思っていなかったのだ。

食事が終わり、いよいよ帰らなければならない時間が近づいてきた。別れ際《ぎわ》、遼太はこう言った。

「ねえ、今度の休みに、島に行きたいんだけど」

半年前の夏に行かなかったことを悔やんでいたのかもしれない。善明はうなずいて答えた。

「いいぞ。来られる日がわかったら、早めに連絡しろよ。チケット、買ってやるから」

「ありがと」

「悪さばっかりしてんじゃねえぞ」

二人はそう言って別れた。

善明はこうふり返る。

「最後に会った時に、遼太はバスケの練習に行ってないとか、虎男たちと会ってるってことは言ってませんでした。僕は彼が普通に学校生活を送っていると思っていた。一つ不思議だったのは、川崎で別れた翌日に、遼太から連絡が来て、舞のメールアドレスを教えてくれって言われたことです。二人は仲が良かったはずなのに、なんで知らないのかな、と思った。

　事件報道で初めて知るんですが、遼太は三学期からまったく学校へ行かなくなったんですよね。事件が起こるまで一度も行っていない。あの時はまさかそんなことになっているとは想像もしていませんでした。ちょっとでもにおわせてくれれば何かできることはあったはずなんですが……。気づいてやれなかったのが悔しいです」

一月二日に駅前で手をふったのが、善明にとっては今生の別れとなってしまったのである。

　D中学校の新学期開始は、一月八日からだった。この日、始業式の列に並ぶ生徒たちの中に、遼太の姿はなかった。彼はこの日から部活だけでなく、学校に行くのをぴたりとやめてしまったのである。

　遼太は虎男と知り合って一週間以上が経ち、夜遅くまで行動をともにするようになっていた。二日後の十日には、加害少年の一人、剛との付き合いもはじまった。本人も無自覚なまま、糸が切れた凧《たこ》のように夜の街の底を漂うようになったのだ。

雅子は不登校になった遼太に何度か学校へ行くように促したようだ。意見陳述の際の、雅子の言葉である。

「夏休み頃から家に帰らなくなりました。私は早番や残業ですれ違いの生活。夜帰ってこないので、携帯に電話をかけても出ず、警察に捜索願を出さないと、と思っていたら、息子が帰ってきました。

春次郎さんと私、息子、長男の四人で話をしました。なぜ、学校に行かなければいけないのか話しました。学校に行かなくてもいいから、門限までに帰って夕食を食べるように約束しました。

なかなか学校に行こうとせず、『行かないと行きづらくなるから』と言うと、『わかっている』と答えました。そんな時、日吉事件が起きました」

雅子は初めのうちは学校に行く理由を説いたと語ったが、その言葉はどこまで届いただろうか。遼太が不登校になった理由は、友人たちが話すように、家庭に居心地の悪さを感じ、外で先輩たちとつるんでいる中で、そっちへ引かれていったせいなのかもしれない。

D中学では、担任教諭が遼太の不登校を心配していた。担任の女性教諭は、周りの教諭に相談しながら遼太への接触を図ろうとしていた。彼女は何度も雅子へ連絡を入れ、担任としてきちんと話し合いをしたいので、遼太に会わせてほしいと頼んだ。教育委員会の調査によれば、事件までの一カ月強の間に女性教諭が自宅や母親の携帯に電話を掛けた回数は延べ三十三回。家庭訪問も五回行っている。

だが、雅子は担任教諭からの要望に応《こた》えようとしなかった。電話越しに「（遼太が）自発的に登校するまで様子を見る」、「（遼太に）会っていないので聞かれても困る」などと言って申し出を退けたのだ。

親の対応、学校側の対応、それぞれに不十分な部分はあった。遼太のマンションはD中学の真隣りに建っている。雅子にしてみれば、パートで忙しかったとはいえ、もっと学校に協力を頼むことはできたはずだ。学校側も学年主任やバスケ部の顧問が協力して家庭訪問をしたり、マンションの前で待ったりすることもできただろう。

日中、遼太はマンションで学校から漏れてくる同級生の声や授業開始のチャイムを聞いていたはずだ。たった一人、それを聞いていた時の気持ちはいかばかりだったか。

そんな中で起きたのが、一月十六日の深夜の日吉事件だった。この夜、雅子は仕事を終えて自宅にいたが、遼太は夕飯の時間が終わっても帰って来なかった。携帯に連絡を入れて何をしているのかと尋ねたところ、遼太から〈友達と遊んでいる〉というそっけない返事があった。雅子は次のようなメッセージを送った。

〈早く帰ってきなさい。お母さん、寝るから〉

雅子は遼太の帰宅を待たずに、午後九時に床に入って眠った。

翌日の朝早く、雅子は仕事に出かけた。その晩、遼太は珍しく部屋に閉じこもっていた。声をかけたところ、遼太がマスクをして出てきた。左目に真っ黒なアザができている。驚いてマスクを取らせると、顔全体がゆがむほど腫《は》れていた。

「どうしたの！」と雅子は尋ねた。

口の中を切っていて、しゃべりづらそうにしている。雅子が問い詰めると、遼太はためらいがちに答えた。

「昨日の夜、先輩たちが酔っぱらってケンカをしたんだ。その仲裁に入ったら、殴られちゃったんだよ」

事実を語れば、虎男に逆恨みされる可能性がある。遼太は嘘《うそ》をついてごまかそうとしたのだ。

雅子は病院へ行こうと言ったが、遼太は「目は見えるし、冷やせばいい」と言って拒んだ。雅子はそんな彼を見て、子供同士いろいろあって触れられたくないのかもしれない、と思って無理強いするのをやめた。そして腫れた顔の写真を撮り、しばらくことの成り行きを見守ることにしたのである。

殺人事件の直前の二月十六日、担任の女性教諭の地道な努力が実ろうとしたことがあった。いくら雅子に頼んでも遼太に会えないことから、学校の生徒たちに訊き回って遼太の携帯電話の番号を教えてもらったのである。電話をかけてみたところ、運良く遼太本人が電話に出た。女性教諭は言った。

「テストがもうすぐあるの。よかったら、学校に来てくれないかな」

遼太はこう答えた。

「そろそろ、行こうかな……」

先輩たちとの関係がこじれだしているのを感じ、今の状況から抜け出したいという思いを抱いていたのではないだろうか。

だが、遼太が学校に姿を現すことはなかった。そして四日後に事件が起きてしまうのである。

二月十九日、事件前日。この日の夕方、遼太は地元のラウンドワンスタジアム川崎大師店で遊んでいた。中学の先輩たち五人ほどと集まっていたのである。その後、彼らは川崎駅前にある「川崎モアーズ」のゲームセンターへ移った。時刻は午後八時前後。ちょうど虎男と剛が星哉のマンションに行って、焼酎《しょうちゅう》のお茶割りを飲みはじめていた頃だ。

午後九時すぎ、遼太は先輩たちと別れて自宅マンションに帰った。リビングには、仕事を終えた雅子の姿があった。遼太は家にあった夕飯の残りを食べたが、足りなかったのだろう、雅子に言った。

「母さん、お腹《なか》すいた。パン食べるね」

雅子は言った。

「じゃあ、ママにも焼いてよ」

遼太は「うん」と言って、トースターにパンを入れた。焼き上がると、「母さん、ジャムでしょ」とパンに甘いジャムをたっぷりと塗ってわたした。

雅子はパンを食べ終え、「ママ、そろそろ寝るね」と言ってゆっくりしていた。少しすると、遼太が携帯を手にしてパーカーを着はじめた。このまま部屋にもどって寝るものだと思っていたので驚いた。

「なに？　こんな時間から出かけようとしているの？」

遼太は黙っていた。

「調子に乗ってんの？　怒らないと思って、いい加減にしなよ」

すでに剛とＬＩＮＥでＴＳＵＴＡＹＡで待ち合わせをする約束をした後だったのだ

ろう。遼太は何も答えず、パーカーを着て玄関でスニーカーを履き、家を出ていった。

事件が起きたのは、その約二時間後のことだった。

第三章　逮捕

遺体発見

多摩川の水音が響く岸辺で、遼太の遺体が発見されたのは、暴行から四時間が経《た》った午前六時すぎのことだった。

その朝、まだ薄暗い土手の草地を、七十歳になる一人の女性がカメラを持ってやってきた。写真が趣味で、この日も川辺の朝焼けを撮影しようとしていたのである。夜が完全に明ける前の風は、縮み上がるほど寒かった。

彼女が土手から見下ろしたところ、草地に、人形のようなものが横たわっていた。何だろうと思って近づくと、全裸の男の子が体をくの字に曲げて倒れているのが見えた。首のあたりには、鋭利な刃物で切り刻まれた傷が多数あり、全身が血と土で赤黒く染まっている。

――死んでる。

女性は背筋が寒くなるのを感じた。

たまたま土手を、別の男性が通りかかった。女性は呼び止めて、事情を説明。男性もことの重大さを察し、即座に一一〇番通報して警察へ知らせた。

間もなく、数台のパトカーが赤色灯を回して駆けつけた。現場は制服の警察官に取り囲まれ、立ち入りが禁止された。少年は川崎市内にある聖マリアンナ医科大学病院へ運ばれることになった。

大学病院に到着して間もなく、医師によって死亡が確認され、司法解剖が行われた。全身の切り傷や打撲の痕《あと》がくまなく調べられ、「出血性のショック」が死因と診断された。左首の傷がもっとも深く、体の三分の一以上の血液が流出していたのだ。

神奈川県警は、これを受けて死体遺棄事件として捜査を開始。被害者が少年ということもあって、慎重にマスコミに向けた発表が行われた。

事件の第一報は、この日の午後に配信された。読売新聞は次のような記事を掲載している。

■多摩川の河川敷に裸の若い男性遺体

20日午前6時15分頃、川崎市川崎区港町の多摩川河川敷で、近くを通りかかった男性から「人が倒れている」と１１０番があった。

神奈川県警の捜査員が駆けつけたところ、10～20歳代とみられる若い男性が倒れており、すでに死亡していた。

男性は服を身につけておらず、首の右後ろあたりに外傷があった。

県警は、男性が事件に巻き込まれた可能性があるとみて調べている。

（「読売新聞」夕刊二〇一五年二月二十日）

最初の発表では、警察は被害者の年齢や大量の傷についての詳細を明らかにしていなかった。ある記者によれば、そのために事件が話題性のあるものとは考えず、警察発表を右から左に流すように記事を書いただけだったという。第一報であまり大きく扱われなかったのはそうしたこともあったのだろう。

大半の事件は、簡単な概要と犯人の逮捕を報じられて世間から忘れ去られる。だがこの事件に関しては、その後多数の記者が川崎に押し寄せ、連日のように大々的な報道が行われることで、未成年者が引き起こした凄惨《せいさん》な殺人事件として近年稀《まれ》に見るほど世間をにぎわすことになった。

過熱した報道は、予期しないトラブルも引き起こした。インターネットで加害者とおぼしき少年の顔写真を含む個人情報が流出したのだ。ネットの住人たちはそれをもとにSNSで犯人捜しを呼び掛けたり、デマや中傷を思いのままに書き込んだりした。それはまるでゲームを見ているようだった。

やがて人々の批判はネットにとどまらず、加害少年が暮らす実家にも向けられた。流出した住所を頼りに人々が家にまで押しかけて嫌がらせをしたり、差別的な言葉を投げかけたりしたのだ。動画サイトに家の様子を中継して流す少年まで現れた。

一方、殺害現場の河川敷では、別のことが起きていた。何千人という人たちが遼太の死を弔《とむら》おうと日本全国から花を持って集まってきたのである。献花ばかりでなく、川辺に樹木や花を植えようとする人まで出て、市の職員が鎮静化のために駆けつける事態にまでなった。

インターネットを通じて無制限に拡散される情報や人種差別を含んだ誹謗《ひぼう》中傷。それらが現実世界に及ぼした影響。事件の後に起きた一連の出来事は、情報社会のパンドラの箱を開けたような状況を生み出したのである。

遼太の殺害は、まさに事件の〝終わりの始まり〟だったのだ。

さまよう

マスコミの取材合戦が本格的にはじまったのは、川崎警察署に捜査本部が設置された二月二十一日からだった。

警察が被害者の氏名と年齢を公表したことで、メディア各社が色めき立ち、トップニュースの扱いで事件を報じたのだ。中学一年の少年が刃物で全身をめった刺しにされたというだけで話題性は十分だった。神奈川県内の地元記者ばかりでなく、全国から記者が駆けつけて、学校や河川敷や公園など事件の関連現場を回った。

全国紙の記者は語る。

「中学一年生が全裸で殺されたと聞いて、大きなニュースになるなっていう感触はありました。うちの社でも遊軍記者がまとめて川崎に回されました。最初の時点では通り魔的犯行なのか、知り合いの犯行なのかはわかっていませんでしたが、おそらく少年犯罪なんじゃないかっていう予感はありましたね。

取材は、学校やその近辺を張って遼太君の同級生に話を聞くというところからはじめました。そしたら、不登校になっていたとか、悪い先輩たちと付き合っていたという話がボロボロ出てきた。特に日吉で遼太君が虎男に殴られて顔が腫《は》れていたという話が決定的でした。地元の少年たちも、日吉事件と殺人事件が何かしら関係あるのではないかという論調で話をしていましたから、僕たちの中でも加害者は少年ではないかという見方が強まっていきました」

他のメディアの記者たちの間でも、少年犯罪ではないのかという話は早くから出てきていた。

警察の方は当たりをつけていたものの、その情報を公《おおやけ》にすることには慎重だった。二十二日の朝、警察は善明を川崎警察署に呼んで遼太の遺体と対面させた時も、「犯人はまだわからない」と言っただけで捜査の協力を要請している。

この日、警察が善明に頼んだことは二つあった。

一つが、遼太が携帯電話でやりとりしていた情報の開示手続きだ。携帯電話は未《いま》だに見つかっていなかったが、データは携帯会社が持っている。それを手に入れて犯人の手がかりをつかもうとしていたのである。

二つ目が遺留品の確認。伊勢町第一公園の女子トイレから、焼け残ったスニーカーの靴底が見つかっていた。このスニーカーが遼太のものだと特定できれば、公園近辺の防犯カメラからそれを運んでいる者たちの映像を見つけ、犯人逮捕へつなげられる。

刑事は善明にスニーカーの購入場所、色、サイズ、素材などの詳細をたしかめた。

署内で確認作業を終えた後、刑事は善明に被害者支援室の担当者を紹介した。被害者支援室とは、犯罪の被害者やその家族をサポートする警察の中の組織だ。被害者やその家族が有する権利を行使できるよう様々な法的支援を案内し、大きな事件であれば、マスコミ対策ができる代理人を紹介することもある。

刑事は次のような提案もした。

「事件のことで精神的にもかなりのご負担があると思います。もしご希望でしたら、カウンセラーなどご紹介いたしますが、いかがいたしますか」

善明は首を横にふった。

「やめておきます。カウンセリングというものを信じていないので」

西ノ島で雅子と離婚した際、子供たちがカウンセリングを受けたのだが、善明の目には変化がなく、臨床心理士は信用に値しないと思っていた。それに頭に血が上っていることもあって、今の心境が他人にわかってたまるか、という気持ちもあった。

刑事は無理強いせずに言った。

「わかりました。それと、これから捜査を進めるにあたって、いくつか確認したいことも出てくると思います。もし川崎におられるようであれば、こちらでお話をうかがいたいのですが、いかがでしょうか」

「大丈夫です。しばらく川崎にいるつもりですので、何かあれば、携帯へ電話ください」

遼太が殺害されたことがはっきりした以上、西ノ島に帰って仕事をする気にはなれない。事件の推移を見届けたいという思いもあり、川崎に残ることに決めたのである。

この時はまだ、善明自身、犯人捜しに明け暮れ、その後三週間も川崎に残ることになるとは予想もしていなかった。

川崎に滞在することを決めた善明は、この日からホテル以外にも、インターネットカフェやサウナを転々とする生活をはじめた。一つのホテルに長期間泊まらなかったのは、金銭的な負担を少しでも軽くするためだ。

事件の被害者やその家族には、精神的、経済的損失を和らげるための犯罪被害給付制度や、裁判への参加を支援する被害者参加制度などが整備されているが、捜査時における金銭的支援は不十分で、川崎滞在の費用は自己負担しなければならない。そのため、善明は貯金を切り崩して、宿泊費ばかりでなく衣類や生活必需品を買い足していく必要があった。

川崎にいる間、警察から何度か電話がかかってきて、事件の捜査協力を求められた。電話で小さな確認をするだけで済むこともあったが、警察署へ赴いて長い時間拘束されることもあった。ただ、善明の目から見るかぎり、捜査が順調に進んでいるようには感じられなかった。

連絡がある度に、こう尋ねた。

「犯人はわかったんでしょうか」

刑事は言葉を濁すだけだった。

「いや、まだです」

警察は、ＬＩＮＥの記録を手に入れた時点で、犯人の目ぼしはついていたにちがいない。だが、捜査の進展状況を漏らすことはできないし、加害者が未成年とあってはなおさらだ。

善明は語る。

「警察から教えてもらった情報は、マスコミの報道以上のものはありませんでした。捜査の進展状況はほぼすべて伏せられていたのです。僕はテレビとかネットのニュースを見て事件の内容を把握するしかありませんでした。当時はどうやって殺されたのかさえわからなかったので、ちょっとした記事でもむさぼるように目を通していました。警察のコメントとかあると、なんで僕でなくマスコミにだけ教えるのかって思いましたね」

マスメディアの記者は、普段から警察と懇意にして、いざ事件が起こると「夜討ち朝駆け」といって出退勤の途中で彼らを待ち伏せして少しずつ情報を教えてもらう。それが記事になるのだ。

今回もマスコミは同じことをして捜査の進展状況を確かめたり、独自に集めた虎男のネタをぶつけたりしたが、警察関係者の口から容疑者についての情報はほとんど漏れてこなかった。警察の裏付けなしで、未成年を容疑者として報じるのは難しい。そのため、記事の大半は遼太の生い立ちや人柄に関することばかりだった。

思いがけずインターネットに、犯人と目される少年の名前が流出したのはこの頃だった。虎男の名である。何者かが虎男が犯人かもしれないという書き込みをし、それがネットで拡散したのだ。善明もすぐに気づいた。

「警察の捜査に協力していましたが、署内に丸一日いたわけではありませんでした。警察からの連絡も来たり、来なかったり。なので、基本的に川崎にいてもすることがなく、遼太のことばかり考えてもどかしい時間をすごしていました。

それで僕はネットカフェに入り浸って、事件のことを検索してばかりいた。新しいニュースは配信されていないか。犯人にかかわる情報が出ていないか。遼太のために何かしらのことをしていないと頭が変になりそうだったんです。

ネット上に、虎男が犯人じゃないかという書き込みがあるのを見つけたのは、そんな頃でした。ある連中が、『こいつが犯人です』みたいなことを書いていた。えっ、と思いましたよ。犯人はもうわかってるんじゃんって。

最初は情報が錯綜《さくそう》していましたね。犯人と名指しされている人も何人かいて、別人の顔写真もあがっていた。事件とは無関係のリンチ事件についても言及されていた。どの情報を信じていいかいまいちわかりませんでした。

それでも、僕にしてみれば大きかった。警察からは何も教えられない。マスコミの情報も中途半端。そんな時に、実名や顔写真を手に入れることができたわけですから」

インターネットに虎男の名前が出て間もなく、彼のＳＮＳが特定され、それを機に写真や出身中学など個人情報が拡散することになった。犯人捜しの掲示板などもつくられ、ネット上の情報をまとめて掲載するところも出てきた。

後から判明するのだが、事件から数日の間に拡散した情報には、重大な誤りがあった。取材にあたったテレビ局の記者は語る。

「ネットの犯人捜しは、関係ない事件を巻き込んではじまったんです。遼太君が殺される数時間前、川崎の隣の横浜市にある公園で、別の少年たちがリンチ事件を起こしていました。十六、七歳の少年たちが中学二年生の生徒を公園に誘い出して、そのうちの一人が公園のトイレで暴行して意識不明の重体にしたという事件です。年上が中学生に暴行するなど、川崎の事件と似ている点がいくつもあった。

　その後、横浜市の事件の関係者がネットで騒ぎだした。加害少年たちが逃げ回っているということで、彼らの顔写真や名前をＳＮＳに上げて『こいつらが犯人です。見つけてください』みたいな書き込みをはじめたんです。つまり、横浜市の事件の方で先に犯人捜しが行われた。

　これだけなら大したことはなかったでしょう。でも、事件が類似していたこともあって、ネット上では横浜の事件の犯人と、川崎の事件の犯人とがごっちゃになった。そして、その横浜の事件の加害者の中に、なぜか川崎の事件の犯人である虎男の名前が混じるようになったんです。

　最初は川崎の事件の主犯が虎男で、横浜の事件の加害者が共犯者だと言われていたこともあった。剛や星哉の名前が浮上するのはさらに何日か後です。そういう意味では、ネットの犯人捜しは二つの事件が混同されてはじまったと言えます」

ネットでの犯人捜しとは別に、現場で取材をしていたメディアの記者たちの間では、早い段階から横浜の事件と川崎の事件が別物だと判明しており、容疑者として虎男や剛の名前が上がっていた。あとは、グループのメンバーたちの証言を集め、事件当日のアリバイをつかめば、犯人を特定できたはずだった。

ところが、記者たちはここで新たな壁にぶつかった。虎男たちを知る人間の多くが不良少年だったことから、取材が容易に進まなかったのだ。通常の取材では、事件現場や学校周辺にいる少年たちに声をかけて話を聞かせてもらい、そこから別の仲間を紹介してもらうなどする。記者たちはこのやり方で取材を進めようとしたのだが、不良少年たちはその見返りに金銭を要求してきたのである。

前出の記者は語る。

「川崎の取材で出会った子供たちの間には、取材を受ける代わりに金を要求しようみたいな空気がありましたね。話を聞かせてくれと言ったら、じゃあ何万円払えよみたいな言い方をされるんです。無理だと言ったら、それなら酒屋で酒おごれ、今から煙草《たばこ》買ってこい、みたいに言われる。虎男の仲間や吉岡兄弟の仲間が、そういう質《たち》の悪い連中だったことはまちがいありません。

どの社の記者たちも、とんでもないガキたちだって憤慨していました。事件報道が過熱していた時、イスラム国と重ねて『カワサキ国』だなんて言い方をマスコミがしていたじゃないですか。川崎は漫画『北斗の拳《けん》』で描かれるみたいな無秩序な町で、犯人の少年たちはイスラム国の真似《まね》をして遼太を殺したんじゃないかって。ああいう報道は、記者たちがさんざん地元の不良たちにかき回されていたことと無関係じゃないと思いますよ。記者たちが『川崎はとんでもない場所だ』っていう話が、プロデューサーなんかにつたわったんじゃないですかね」

世間では、マスコミは取材時に謝礼を支払うという誤解が広まっている。だが、テレビ局や新聞社には、原則的に取材の謝礼を払ってはいけないという共通のルールがある。金銭要求に応じると、取材がマネーゲームになってしまうためだ。

「ネタは、喉《のど》から手が出るほどほしいけど、うちはテレビなんで絶対に支払えないんです。もし金を払ったり、酒をおごったりして、別のメディアにそれを報じられたら社内外で大問題になりますから。

その中で、週刊誌だけは払っていたと聞きます。彼らはうちら（テレビや新聞）とちがって多少なら払える。それで彼らの取材が先行したって部分はあったかもしれない」

こうしている間に、ネットの犯人捜しはメディアの取材の成果もあって、少しずつ情報が精査されていく。

毎日、ネットで更新されていく犯人の情報を見ていた善明は、次第にいても立ってもいられなくなった。どうして虎男が犯人だと名指しされているのに、警察は事情聴取で引っ張ろうとしないのか。奴《やつ》が逃げてしまったらどうするつもりなのか。

――もし警察が動かないなら、自分の手で犯人を見つけて事実をつかんでやる。

そう決心し、善明はネットカフェを飛び出して自ら犯人を捜し出すことにした。頭の中には、ネットに流出していた虎男の顔や名前が叩《たた》き込まれていた。虎男は東南アジア系のハーフの顔立ちをしているので、見かければわかるはずだ。彼をつかまえ、本当におまえが遼太を殺したのかと問い詰めたかった。

主に歩き回ったのは、虎男の自宅や、地元の不良のたまり場となっている大師公園や商店街、神社などだ。出身中学校の前も何度も通った。どこにもマスコミの記者たちの姿があり、自宅を取り囲んだり、周辺の人々に聞き込みをしたりしていた。

善明は事件の関連現場を回るたびに、胸が苦しくなった。虎男の出身中学は自分の母校であり、遺留品が燃やされた公園は子供の頃によく遊んだ場所だ。楽しい思い出がたくさんつまった土地を、四十歳を越えて息子を殺された怒りに身を震わせ、歩き回ることになるなんて……。

町は二月の冷たい空気に包まれていた。白い息を吐きながら何時間も町を歩いたが、虎男を見つけ出すことはできなかった。それもそのはず、虎男は自宅に閉じこもっていたのである。

この頃、善明の携帯電話にはさかんに友人から連絡が入るようになっていた。メディアが事件を報じるにつれ、友人たちが気づいて連絡をよこしてきたのだ。「殺されたのは本当に遼太君なのか」といった内容のものから、「精神的に大丈夫か」「力になれることがあれば言ってくれ」という激励の言葉もあった。

善明は友人たちの厚意だとわかってはいたものの、メッセージが届くたびに気分が沈んだ。犯人を捜して町を歩き回っている間は怒りで気が立っているのだが、友人たちから慰めの言葉をかけられると、子供を殺された父親という自分の立場を直視せざるをえず、みじめな思いがこみ上げてくる。

善明は周囲からの心配を受け取る余裕がなく、かといって自分が何を欲しているのかもわからず、「もう放っておいてくれ」という気持ちで電話はもちろん、メールに関しても応じるのをやめた。

つらかったのは夜の寝る前の時間だった。ホテルやネットカフェに一人でいると、遼太のことが深い悲しみとともに思い出され、胸がかき乱された。彼は気持ちを紛らわせるために、毎晩アルコールを浴びるように飲んだ。泥酔して意識を失うことが、事件を頭の隅に追いやる唯一《ゆいいつ》の方法だったのである。

多摩川の河川敷を訪れたのは、そんな中でのことだった。遼太が殺された場所へ行って手を合わせたい。そう思い立って、京急大師線のガード下のトンネルをくぐって、現場へ向かったのだ。

味の素《もと》の工場を横切り土手から見下ろすと、想像もしなかった光景が目に飛び込んできた。草地に何百という花束が供えられていたのである。花の香りが一帯にたちこめ、他にもお菓子などのお供え物もたくさん置かれていた。

善明は足を止め、心の中でつぶやいた。

――すごいな。

河川敷には何人もの報道陣がカメラやノートを手にして集まっていた。献花の人々が日に日に増えていたことから、その光景を撮影したり、事件の感想をインタビューしたりしていたのだ。そうしている間にも、新しく来た人々が大きな花束を抱えて土手を下りて河川敷へと向かっていく。

善明は戸惑った。大勢の人々が息子の死を悼《いた》んでくれるのはありがたい。だが、ほとんどの人にとっては見ず知らずの他人でしかない。なぜここまで遼太のことを弔おうとしてくれるのだろうか。

土手を下り、善明は献花の前に向かった。報道陣が目と鼻の先にいたが、遼太の父親だと気がつくものは少ないし、声をかけられても黙って通りすぎればよかった。善明は一般の人のふりをして花束の前に立った。そっと目を閉じ、手を合わせた。

――遼太、つらかっただろうな。おまえの無念は絶対に晴らすから。

冷え切った川のせせらぎの中で、心にそう誓った。

献花

事件から数週間で、殺害現場に供えられた花束の数は河川敷に置ききれないほどになった。その他、写真や寄せ書きのノート、バスケットボールなど数えきれないほどの供え物が並べられた。土日ともなれば何百人という人々がやってきたため、マスコミも含めて訪れた人の数は、一年ほどで一万人をはるかに上回っていたにちがいない。

河川敷を埋めつくす花の多くは、赤、黄色、橙色《だいだいいろ》と華やかな色が多かった。冬の寒い時季だったことから、せめて明るい色の花で彩《いろど》ってあげたいと思った人が多かったのかもしれない。遼太を想う気持ちが膨らむあまり、桜の木を運んできて土手に植えようとする者までいた。

新聞記者の一人は語る。

「河川敷には、数えきれないくらいの人々が押し寄せていました。献花がブームみたいになって、ちょっと他には見たことがない異様な光景でしたね。

草むらは大量の花で埋めつくされ、土手の向こうまで線香の香りがしていました。花束の数は何千とも何万とも言われていました。ある人は泣きじゃくりながら献花して、ある人は何時間もすわり込んで帰ろうとしない。宗教団体が何人かでやってきて聖歌をうたっていたこともありました。

その昔に著名なミュージシャンが自殺した現場にファンが殺到したことを思い出しました。でも、今回河川敷で亡《な》くなったのは、一般の中学生です。どうしてあそこまで同情を集めたのか不思議でした」

献花の人々が押し寄せるのは、事件が大々的に報じられてからだった。それまでは河川敷に手を合わせにやってくるのは、遼太の学校関係者が大半だった。D小学校時代の同級生、D中学のクラスメイトやバスケ部の仲間たち、あるいはゲームセンターで遊んだ少年たちである。

山中は語る。

「最初は、遼太君の同級生や先輩たちが献花に来たんだよ。寄せ書きなんかをして置きに来る人もいたね。でも、彼らも学校や友達の間で思うように遼太君のことを話せなかったみたいだ。川辺でじっとしていて、誰かに聞いてほしいというように、遼太君の思い出をポツポツと語りはじめることがあった。一人で事件を抱え込んでいることができなかったのかもしれないね」

山中自身も、先述したように事件前から遼太のことを知っていた。孫をからかう小学生グループの中に遼太が交じっていたことから言葉を交わし、西ノ島出身の転校生だと聞いていたのである。

それからしばらく遼太のことを忘れていたが、事件を切っ掛けに思い出すことになる。孫がテレビを見て、いきなり「ウエリョウだ!」と叫びだしたのだ。テレビ画面には、事件を報じる映像とともに「上村遼太」という被害者の名前がはっきりと記されている。孫は青ざめて「なんで、なんで」とつぶやいた。山中はそんな孫を見て初めて事件の被害者があの時の少年であることを知ったのである。

山中は遼太のことが気になり、河川敷に行って手を合わせることを思い立った。土手を越えると、供えられた花束が風であちらこちらに転がっていた。お供え物も悪くなりかけている。

——こんな景色を天国の遼太君に見せられない。できるだけきれいにして、少しでも西ノ島の海に近づけてあげよう。

山中はそう考え、誰に頼まれるわけでもなく、毎日のように河川敷に通って、清掃ボランティアをすることにした。

彼は語る。

「全国から献花の方々が来るようになったのは、同級生たちが一通り来た後だね。メディアの人たちが、河川敷で祈っている同級生たちの姿を撮影したり、インタビューしたりして、ニュースで流したんだ。それを観《み》た人たちが自分も献花に行こうと考えたみたい。

休日ともなれば、ものすごい人だったよ。百人以上来る日だってあった。九州や北海道から来たなんて人もいたからね。それだけの人たちが花やお供え物を置いていったんだ。誰かしらが片づけをしなければどうにもならなくなっちゃう数だった」

山中がしたのは、花の整理だった。風で草むらに散らばった花を集め、枯れたものは捨て、きれいなものだけを一カ所にまとめる。日が経つと、お供え物の菓子や果物が腐りだしたため、その仕分けも行わなければならなかった。

河川敷は見違えるようにきれいになった。花が奥に置かれ、手前にはお供え物が並べられた。白いバスケのユニフォーム、「上村家」と書かれた卒塔婆《そとば》、ガンダムの玩具《おもちゃ》、地蔵、風車、釣竿《つりざお》、お菓子……。どれも、遼太を想う気持ちから持ち込まれたものだった。

やがてある人が香炉を持ち込んだことから、それを正面に置いて焼香台を設けた。参拝者がメッセージを書き残すことのできる大学ノートとペンを置くと、またたくまに書き込みがなされた。

ある人は次のように記した。

　上村遼太君
　ここに来るのは2回目です。
　辛《つら》かったですね。
　忘れないからね。
　大人が悪かったです。
　本当にごめんなさい。

次のメッセージを書いた紙をクリアファイルに入れて置いていった人もいた。

りょうた君　ごめんなさい
冷たく痛く苦しかったでしょうね。
私達大人が少しも助ける事が出来ず、
親を思い、友達を思い続けた、その
小さな胸を見過してしまいました。
君の事、絶対に忘れないよ。
楽しかったあの島にもう一度帰り　そこで
あの笑顔で過ごして下さい　今度こそ
誰れにも邪魔されない時間をもって
下さい　忘れないから　忘れないから
ごめんね。（原文ママ）

こうした河川敷の様子がニュース映像で流れることで、事件から数カ月が経過しても河川敷を訪れる献花の人々は途切れることがなかった。

また、中には事件直後から線香を上げるだけでなく、役に立ちたいとの思いで清掃ボランティアに加わることを志願してくる人もいた。

竹内七恵（事件当時三十三歳）もその一人だ。腕や足などにタトゥーが入っている。背が低く、顔は実年齢より若々しい。彼女は河川敷に来た理由をこう語った。

「事件を知った当初から、遼太のことが気になっていました。理由はうまく説明できないんですが、他人事《ひとごと》じゃない感覚があったんです。それである日、週末に夫と買い物をしていたら、急に遼太のことが思い浮かんで涙がポロポロとこぼれて、いても立ってもいられなくなって、河川敷に行ったんです。

遼太のことを他人事と思えなかったのは、私自身の生い立ちにも関係があるかもしれませんね。私も遼太と同じように子供の時に不登校になって道を外れた経験があったんです。だからそのつらさとか、寂しさがすごくわかった。私にとっては遠いところで起きた無関係な事件なんかじゃなかったんです」

竹内は東京都調布市の緑の残る住宅街で生まれ育ったそうだ。古くからある一軒家も多かったことから、住民たちは仲が良く子供にはやさしかった。竹内もそんな空気の中で子供らしい日々を送っていたという。

だが、中学一年の終わりに八王子のニュータウンに引っ越したことで環境ががらりと変わった。あたりには高層マンションが建ち並び、同級生たちはピリピリしていて少しでもふざけるような生徒がいれば冷笑するような雰囲気があった。彼らにしてみれば、竹内はどこか異質なものを持っている人間だったのだろう、転校後間もなく〝シカト〟がはじまった。

竹内は街や学校と合わない寂しさやつまらなさから、隣の学校の不良たちとつるむようになった。夕方にコンビニの前にたむろする先輩たちと合流し、深夜まで遊び回り、明け方に帰宅する。まさに遼太と同じだ。高校へ進学するが、わずか一カ月で中退。窃盗やケンカ、それにドラッグなど悪いことはすべてやったという。

立ち直るきっかけは、二十四歳で高校に入り直したことだ。そこで手話通訳士になる夢を抱き、国立の専門学校に入学して手話通訳の勉強をはじめた。二十八歳で卒業し、企業内通訳士に。同時に結婚もした。それから数年が経った時、今回の事件が起きた。

竹内はつづける。

「河川敷でボランティアをはじめたのは、遼太の傍にいたいと思ったからです。事件で遼太は亡くなったのかもしれません。でも、事件があったからこそ、私は遼太の心の痛みを知ることができた。だからこそ、できるかぎり傍にいたいと思ったんです」

常連のボランティアの多くが神奈川や東京在住の人たちだったが、中には遠方からはるばる新幹線でやってくる者もいた。佐伯《さえき》太郎（仮名、事件当時三十一歳）がその一人だ。彼は事件後に三重県伊勢市からやってきた時のことを次のように語る。

「実家は愛知県でした。大学を卒業して企業に就職し、伊勢にある支社で働いていたんです。事件を知ったのはニュースだったかな。すぐに脳裏をよぎったのはご遺族のことでした。

僕は、十年くらい前から身近で事故や自殺で人が亡くなることが多くて、そういうご遺族との付き合いも結構ありました。間近で、遺族の悲しみや苦しみを見てきた。なので、事件を知った時も、遼太君のご家族や周りの友達がどれだけつらい思いをしているかが、自分の体験を通してわかったんです。

ものすごく胸が痛みましたよ。でも、自分は伊勢に住んでいるし、直接の関係もないから何もできないと思って、毎日流されるニュースを追っているだけでした。そんなある日、事件のニュースを見ていたら、多摩川の河川敷が映し出され、一般の人たちが集まって清掃ボランティアをしているのを知ったんです。

テレビに映る彼らの表情は疲れ切ってやつれているように見えました。じっとしていられない、と思った。僕もあそこへ行って、あの人たちのサポートをしなければって。それで川崎へ向かったんです。

最初に花を抱えて河川敷へ行った日のことは鮮明に覚えています。手を合わせているうちに、遼太君はどれだけ西ノ島に帰りたかったんだろうっていう思いがこみ上げてきて、その場に泣き崩れてしまったんです。周りにいた人たちが駆け寄ってきてくれて、大丈夫ですかって声をかけてくれた。

僕は仕事があったので、毎日来るわけにはいきませんでしたが、休みの日には手伝いに来たり、月命日の二十日には有休をとって川崎へ来ることにしたりしていました。西ノ島へも二回行きました。遼太君の育った景色をきちんと見ておきたかったし、何かできることはないかと思っていました」

遼太の痛みを他人事と思えない人たちが、力になりたいと思って全国から川崎へと集まってきたのである。その数は合計で十数人にまで膨れ上がった。

ボランティアに来た人たちは一緒に清掃をしたり、河川敷で立ち話をしたりしているうちに、いくつかのグループにわかれるようになった。なんとなく気の合う者同士で集ったのだろう。

彼らの役割は河川敷の清掃に留まらなかった。献花にやってくる人たちの対話者となることもあったのだ。

たとえば、ある日、四十代くらいの母親が中学生の子供をつれてやってきた。清掃ボランティアのメンバーが、この親子を焼香台に案内したところ、母親が急にこう言い出した。

「うちの子、学校でいじめられているんです。それでどうしても遼太君のことが他人事に思えなくてつれてきたんです」

三人の先輩に殺害された遼太が、いじめを受けているわが子と重なり、親子で手を合わせに来たのである。

別の日にやって来たのは、四十代の男性だった。彼は一人で花束の前で手を合わせていたが、唐突に声を上げて嗚咽《おえつ》しはじめた。山中と竹内が駆け寄って隅に誘導し、事情を尋ねた。男性は言った。

「僕は自殺を考えているんです。父親の介護に疲れて、もう生きていたってしょうがないって思って、ずっと死ぬことばかり考えていました。そしたら事件が起きたんです。僕も幼い頃川崎に住んでいたので、今からこの川に飛び込もうと思って来たんです……」

父親は威圧的な性格で、男性に仕事を辞めてまで自分の介護をしろと迫ってきたそうだ。男性はそんな父と会社の板挟みになって、どうしていいかわからなくなり自殺を考えるようになったらしい。

竹内たちは、このような人たち一人ひとりに向き合い、なぐさめた。学校でいじめを受けているという親子に対しては心ゆくまで話を聞き、自殺したいという人に対しては次のような言葉をかけた。

「自殺はやめましょうよ。遼太だって喜ばないよ。今死んじゃダメ」

その後も一時間余り話をつづけた。

みな、遼太の冥福《めいふく》を祈りながらも、自らの内面を省みていた。そして河川敷を訪れた時よりも少しだけ足取りを軽くして帰っていった。

竹内は語る。

「ボラ、献花の人もいろんな事情を抱えていました。ボラの人の中には、東日本大震災で被災して東京で避難生活をしている人とかもいた。私たちはいつの間にか河川敷を訪れる人の話し相手になっていたんです」

毎日河川敷にいたことで、遼太の友達と知り合うこともあった。小学校時代の同級生、バスケ部のチームメイト、慕っていた先輩たち。彼らは川辺にしゃがみ込み、遼太との思い出話をポツリポツリと語った。清掃ボランティアのメンバーは、そうした話を聞いているうちに、より遼太の存在を身近に感じるようになった。

山中や竹内もそうだった。彼らの間で一時期、「そりゃないぜ、先輩」という言葉が流行したことがあった。友人だったという中学生から遼太の口癖だと教わったのだ。何かに失敗したり、うまくいかなかったりすると、みんなでその口癖を真似して笑い合った。

竹内は語る。

「私たちの間で流行《はや》ったものに、『遼太マジック』って言葉もありました。天国の遼太がしかける魔法って意味です。たとえば、自転車で来た人たちが、河川敷にいる間に鍵《かぎ》をなくしてしまうことがありました。そんな時、私たちは『あ、これって遼太マジックじゃない？　遼太が私たちに帰ってほしくないから鍵を隠したんだよ』なんて言うんです。みんな、それだけ遼太が近くにいるような感じがしていたんでしょうね。後で不思議と鍵は出てきたものでした。

また、『遼太コーラ』っていうのもありましたね。事件があった二〇一五年って日本コカ・コーラ社がボトル誕生百周年キャンペーンで、ペットボトルに人の名前のラベルをつけて発売したんです。私がたまたまスーパーで『Ｒｙｏｔａ』と書かれているボトルが売られているのを見つけた。私たちはそれを『遼太コーラ』って名づけて、お店を回って買い集めたんです」

他にも、花を植えるプロジェクトを呼び掛けたことがあった。遼太の笑顔がひまわりに似ていたことから、河川敷にひまわりの花を大量に植えたのである。

これは、自治体から河川敷が公共の場であることを理由に中止を求められた。メンバー数人は、それなら、とひまわりの種を持ち帰り、それぞれの自宅で植えることにした。これは「ひまわりプロジェクト」と呼ばれ、メンバーの中には遠くに暮らす実家の家族に頼んで植えてもらい、プロジェクトを全国に広めようとする者もいた。夏になって咲いたひまわりは、「遼太ひまわり」と呼ばれた。

このように、河川敷に集まった人々の間では、新しい遼太の物語が独り歩きをはじめていた。事件に衝撃を受けた人々が、それぞれの形で遼太との結びつきを模索していたのである。

なにが彼らをそうさせたのか。簡単に答えを出すことはできないが、たしかなのは、ボランティアのメンバーだけでなく、ここに献花に訪れた一万人を超す人々が個々の思いを抱えて全国から集まってきたということだ。

後日、竹内は仲間たちと話し合い、自分たちのグループに「Ｔｅａｍ Ｒ（遼太）」という名称をつけた。つくったお揃《そろ》いのブルーのＴシャツがある。そこには、チームの名称とともに、次のような言葉を刻み込んだ。

The light R lit still shines with us

この言葉には、「あなた（遼太）がいたから笑顔になれるし、やっていける人がいる。君が私たちを今でも照らして支えてくれるんだ」という意味が込められているという。

竹内は語る。

「遼太が亡くなったのはたしかです。でも、事件をきっかけに私の中で生きはじめたんです。私は大変なことがあって心が折れそうになった時に遼太を思い出して勇気をもらったり、晩御飯を何にするか悩んでいる時に『今日何食べたい？』って遼太の写真に話しかけたりしています。そういう意味では心の拠《よ》り所みたいになっているのかもしれません」

河川敷に集まる人々の間で、遼太は宗教における偶像のようになっていったのかもしれない。

その一方で、警察は地に足をつけて捜査を進めて証拠を積み上げ、逮捕に踏み切っていた。警察の手が加害少年三人に伸びることになるのは、事件から一週間後のことだった。

捜査

事件から逮捕までの約一週間、虎男、剛、星哉の三人はたまにＬＩＮＥで連絡を取ることはあっても、直《じか》に顔を合わせることはなかったようだ。下手に会うことで、周りに事件との関係性を疑われるのが怖かったのかもしれない。

警察やマスコミだけでなく、地元の少年たちも三人を犯人だと見なしていた。事件を知った時のことを、黒澤は言う。

「二十日に多摩川で殺人事件があったってニュースは知ってたけど、被害者の名前が出てなかったでしょ。だから、正直あんまり関心がなかった。川崎はよく事件起きるしね。

次の日、俺は中村たち五人と遊んでから川崎モアーズの近くのマックで飯食ってたんだ。そしたらＬＩＮＥのニュースで、多摩川で殺されたのがカミソンだっていきなり流れてきた。『おい、昨日の事件で殺されたのカミソンだよ！』って言って、みんなでケータイを見た。あいつがマンションに帰ってないという話は聞いてたけど、まさか殺されていたなんて……。

みんなハンバーガーとか食べる気なくなってじっと黙ってた。前の日、オールしてたけど家に帰ろうとも思わなくなったね。しばらくして犯人は誰なんだろうって話になって、俺らはその場にいた五人以外の知り合いの名前を一人ひとり消していって考えた。そしたら、虎男と剛の名前が残ったんだ。絶対、あいつらのどっちかだろうってことになった。星哉とはあんまり仲良くなかったから、その場では名前は出なかった」

同じく友人の木村幹夫も、事件発覚と同時に犯人の予想がついたという。

「カミソンが死んだってわかった時点で、俺らの間では犯人は虎男しかいねえべって話になってました。いくつか理由はあります。

まず、カミソンはたくさん友達がいたって言われてましたけど、中学も行ってないし、転校生だから、夜中につるむメンバーは決まってるんです。その中であんなことをする奴はかぎられている。日吉でフルボッコにしたことから虎男の名前はすぐに出た。

殺害場所だってもろ、虎男の地元でしょ。多摩川の土手はK中の奴らがたむろする場所だし。あのへんに住んでいる人間じゃなきゃ、真夜中に行こうと思わない。よその人間がつれていったり、通り魔が潜んでいたりする場所じゃないんです。

確信を持ったのは、事件後に虎男とぜんぜん連絡が取れなくなったからかな。みんなカミソンが死んだって騒いでいるのに、あいつだけが家に引きこもってシカトするフリしてた。いくらＬＩＮＥしても、何も言ってこない。隠れているのバレバレ。犯人じゃなきゃ、そんなことしないですよね」

少年たちの間に広まっていた虎男への疑念は、マスコミにもつたわっていた。

この時、虎男は一体何をしていたのか。彼は自宅に籠城《ろうじょう》して知り合いとの接触を遮断していた。事件のことを問うてくる相手には、ＬＩＮＥのメッセージを無視するだけでなく、ブロックまでしていたという。

彼が家に閉じこもっていたのは、すでにインターネット上に自分の名前や写真が流出していたためだろう。地元の人々から流れた情報が瞬《また》く間に拡散し、事件から四日後にはあちらこちらのＳＮＳで、「こいつが犯人だ」「早く捕まえろ」という声が上がっていた。やがてマスコミが自宅を取り囲むようになり、家族が外へ出る度にマイクやカメラを向けられる。虎男は外へ出たくても出られない状況だったのだ。

こうした中、父親は息子に事件に関与しているのかと問いただした。虎男は「知らない」「俺じゃない」と否定した。父親は息子の言葉を信用し、家の外に群がる記者に対して断固とした口調で言った。

「うちの息子は犯人じゃない！」

　そして弁護士を雇って家族を守ろうとしたのである。

　対照的だったのは、剛だ。彼はコリアタウンのマンションで母親と妹と暮らしていた。だが、次章で述べるように母親は剛が幼い頃から育児放棄をしており、事件が起きた時も彼を日本に置き去りにして再婚相手とアメリカへ移住する準備を進めている最中だった。剛は母親に守ってもらえず、自宅マンションの他、仕事先の寮、祖母の家、友人の家を転々としていた。

　地元の少年たちは、剛が行き場を失ったように彷徨《さまよ》う姿を目撃している。木村もその一人だ。

「事件の後も、剛はいろんな人と会ってたみたいです。ＬＩＮＥとかツイッターとかでもアニメの話を普通にしていた。もしかしたら、俺は関係ねえってアピールするためにわざとやってたのかもしれませんけど。

聞いたところでは、あいつは事件のことを訊《き》かれても、『知らない』とか『あの日は東京で遊んでた』とか話してたみたいです。カミソンが死んで悲しいとか言って涙ぐんでたって話も聞きました。

　みんな疑ってましたよ。話がその時々でちがうんだもん。ある友達には事件の日は虎男と一緒だったって言うのに、別の友達には会ってないって言う。それに、仲のいい奴にはカミソンを殺したって話してたみたいで、それが人づてに広まってました。だから、あいつもやったんじゃないかって言われてましたね」

比嘉は、剛が事件の関与をほのめかしていたのを聞いている。

「俺が会ったのは二月二十三日だったと思う。ベネクス（ベネクス川崎店）ってゲーセンで遊んだんだよ。俺は黒澤や中村たちと『犯人は虎男か剛じゃね』って話してたから、会ったついでにお前がやったのかって訊いたんだ。剛はこう言ってた。

『俺は関係してねえ。事件の時、コンビニに行ってたんだ。その間に、虎男たちがやったんだ』

あいつは最後まで知らねえって言ってたよ。信じられなかったね。いつもペラペラ嘘《うそ》ばっか言うし」

友人たちに何度も尋ねられ、だんだんと罪の重みにも耐えられなくなり、話が二転三転していたのだろう。

報道陣が剛を捕まえるのも時間の問題だった。事件の四日後、「週刊新潮」の記者が彼にインタビューを試みている。記者が事件とのかかわりを問うたところ、事件当時のことについて次のように答えたという。

「ＬＩＮＥでカミソンから〝オールしませんか〟って来たので、〝合流しようか〟と答えたんです。で、どこで会うかという話になって、〝ＴＳＵＴＡＹＡ〟で合流しようと自分が言ったんです。店にはカミソンが先に来ていて、そこで23時から30分ほど過ごし、自分が〝この後、用事あるんだ〟と言って別れました。自分が一緒にいてやれば良かったな……って今、思ってるんですよね」

――そのＬＩＮＥでのやり取りをみせてもらえるか？

「間違ってＬＩＮＥ消しちゃったんですよ」

――念のため聞くが、君自身は事件とは関係ない？

「はい」

（「週刊新潮」二〇一五年三月十二日号）

回答が苦し紛れであるのは一目瞭然《りょうぜん》だ。一体、なぜこんな下手な嘘をついたのか。事件を起こした後、虎男、剛、星哉の三人は、マンションにもどって「殺したことは黙っていよう」と言っただけで、具体的な言い訳やアリバイを決めていなかった。人を殺して遺体を河川敷に放置しておきながら、衣服を焼いただけで、逃げおおせると思っていたのだ。

剛は自分に向けられる嫌疑をふり払おうと必死だったようだ。ＬＩＮＥにわざと次のような文字を書き込んでいる。

〈何でこうなったんだよ（泣）もう俺のせいだよ‼　もう会えないと思うとめっちゃ悲しいよ（泣）色々教えてもらうことだってあるのによ‼（泣）本当にごめんな（泣）〉

同じ文章の中で、遼太の死は自分のせいだと言ったり、悲しいと嘆いてみせたり、謝ったりしている。彼は、自分の言動が支離滅裂になっていることさえ気づいていなかった。

一日一日と日が経《た》つにつれ、事件の犯人が虎男のグループだということは公然の事実となっていった。マスコミは虎男をクロと見なして取材をしており、ネットでは彼の個人情報が毎日のように更新されていく。なぜ警察は逮捕に踏み切らないのかという声が日増しに高まっていた。

善明もまたもどかしい思いを抱いていた。彼は依然として川崎の町を歩き回って犯人を捜していたが、見つけられぬままだった。

警察は善明に対しても未《いま》だに捜査の詳細を伏せていた。また、マスコミに対して次のように説明していた。

「防犯カメラに三人の容疑者らしき人物が映っているのを確認しました。ただ、その映像が鮮明ではなく、顔や年齢が特定できていません」

防犯カメラの映像は複数あったし、ＬＩＮＥや携帯電話の履歴を手に入れていたため、虎男たちが犯人であることは確信していたはずだ。逮捕に踏み切れなかったのは、容疑者が未成年だったから慎重を期していたのだろう。だが、周囲の目には、警察の捜査が後手に回っているように映った。

善明はこの時の心情を語る。

「いろんな苛立《いらだ》ちが限界まで募っていました。警察に対する不信感、自分への無力感、犯人に対する怒り。自分で自分の気持ちをコントロールできないほどでした。

よく母ともぶつかりました。母は事件があってから一時的に川崎で暮らす親戚《しんせき》のところに身を寄せていました。報道が過熱していたから心配だったんでしょう、しきりに僕のところに連絡をしてきてはいろんな質問を投げかけてきました。『なんであんな事件が起きたのか』『犯人はなぜ捕まらないのか』……。その時思いついたことを、何も考えずにぶつけてくる。

神経質になっていた僕にはこたえました。僕だってわからないし、母よりも知りたい気持ちは強い。それなのに母が次から次に尋ねてくるので頭にくることもありました。『そんなこと知るか！　一番知りたいのはこっちだ！』と何度も声を荒らげました」

かわいい孫を殺されてじっとしていられなかったのだろう。

遼太の祖母は事件について質問をするだけでなく、多摩川の河川敷にも行った。せめて線香の一つでもあげたかったのだ。

善明はこの事実を本人からでなく、マスコミを通して知った。二月二十五日の新聞に、祖母のインタビュー記事が掲載されるのである。

■島根の祖母献花「犯人許せない」

上村遼太君の遺体が見つかった川崎市川崎区港町の多摩川河川敷に24日、島根県在住の上村君の祖母が訪れて献花した。「まだ13歳。あんな残酷な殺し方をするなんて。犯人を許すことはできない」と手や唇を震わせながら憤《いきどお》りをあらわにし、「悲しい涙しか出ません」と語った。

花束を置くと、しばらくしゃがみ込んだまま。祖母は「本当にかわいくて。遼く離れていたけど、一番大事な孫なんです。もう戻ってこないんだから」と話しながら涙をにじませた。上村君はよく「ばあちゃんに会いたい」と言ってくれたという。

上村君は小学6年で川崎市に引っ越す前、島根県・隠岐諸島の西ノ島に住んでいた。

祖母は「こっちに来て1年か2年で、なんでこんなことに」と話した。

（「神奈川新聞」二〇一五年二月二十五日）

新聞だけでなく、テレビニュースでも祖母がインタビューに応じるシーンが流された。河川敷には大勢の記者たちがアリ地獄のように待ち受けている。祖母は彼らに取り囲まれたことで、遼太や事件に対する思いを赤裸々に語ってしまったのだ。

善明はそれを見て母親に怒鳴り散らした。

「勝手なことするな！　もう島に帰れ！」

祖母としては、殺された孫を弔《とむら》いたい一心だったのだろう。マスコミがそれにつけ込んで記事にしただけで、彼女が責められる謂《いわ》れはない。

善明はそんなことすら冷静に考えるゆとりがなくなっていた。悲しみのどん底に突き落とされた遺族が、混乱の中でお互いを傷つけ合うようになっていたのである。

事件から七日が経ち、日本中が固唾《かたず》を飲んで見守る中、警察はいよいよ三人の逮捕に踏み切ることになった。

前日の朝、二冊の週刊誌が発売されていた。「週刊文春」と「週刊新潮」である。これまでテレビや新聞といったマスメディアは、三人の少年を取材しつつも、未成年ということもあって、犯人ではないかとする報道を控えていた。逮捕を慎重に進めたい警察への配慮もあっただろう。

週刊誌二誌はちがった。虎男を主犯と確信し、大々的に事件の全体像を報じたのである。見出しは次の通りだ。

〈川崎中1上村遼太君全裸殺人「8人組グループ」の首謀者〉（「週刊文春」二〇五年三月五日号）

〈「イスラム国」を真似した「中1男子」リンチ殺人の凶悪少年たち〉（「週刊新潮」二〇一五年三月五日号）

記事は、虎男の友人や父親にまで取材し、事実に迫るものだった。それまでのネットの世界の情報が、初めてプロの記者の綿密な取材によって裏打ちされたのだ。

警察がこの記事が呼び起こした反響を意識しないわけがない。逮捕が遅れていることへの批判が沸き起こることを恐れ、急《せ》き立てられたはずだ。

テレビ局の記者は次のように語る。

「警察はもう何日か慎重に捜査を進めたかったんだと思います。少年事件の場合は、誤認逮捕は絶対に許されない。それに、逮捕したところで数日以内に自白させなければ、世間の批判が自分たちに向くことも考えられます。完璧《かんぺき》に証拠を用意するまでは踏み切らないのが普通なんです。

だけど、週刊誌の事件の全容を書いた記事が先に出てしまった以上、今まで遠慮していたテレビがそれを引用する形でバンバン報道するのは目に見えています。警察は面目をつぶされてしまう。それで彼らは予定を前倒しにして三人の事情聴取に踏み切ったんじゃないかって言われていました」

二十六日の夜、警察は少年たちのもとへ行って、署への任意同行を求めた。剛と星哉の二人はその場で同意して警察署へと赴いて事情聴取を受けた。これを目撃した友人の比嘉によれば、剛と遊んで夕方に家まで送っていったところ、待ち伏せしていた刑事が彼を取り囲んでそのまま連行していったという。二人が一旦《いったん》釈放されたのは夜遅くだった。

この晩、警察署へ行かなかったのは虎男だけだ。父親が雇った弁護士が川崎警察署へ出向き、捜査本部の刑事に対して次のように言った。

「事件の当日、少年（虎男）は自宅にいたと主張して、事件の関与を否定しています。明日、少年自身に出頭させてそのことを説明させます」

事実関係を再度確認してから出頭させたかったのかもしれない。

翌日の午前八時すぎ、虎男は白いジャンパーに白いマスクといった格好でタクシーに乗り込んだ。同四十五分、川崎警察署に到着した時、待ち受けていた記者たちが一斉に彼を取り囲んでマイクやカメラを向けた。彼は弁護士に付き添われながら、一言も発さずに警察署へと入っていった。

父親はこれに同行しなかった。彼はマスコミに対して次のようなコメントを出している。

　上村君の事件につきましてはあってはならないことであり、ご遺族の気持ちはいかばかりかと察してあまりあります。また、犯人には事件相応の罪を受けてほしいと思っております。これを前提に、息子は上村君の殺害とは無関係です。ただ、上村君と息子とは面識がなかったわけではないので、事件の真相解明に協力できることがあれば協力したいと思っております。

メディアがこのコメントを報じた直後、ネット上で父親に対するバッシングの声が上がった。まだ息子の罪と向き合わずに、かばいつづけるつもりなのか、と。

父親がこうした意見を見聞きしていたかどうかはわからない。だが、息子から真実を知らされていなかった以上、上記のようなコメントを出すのが精いっぱいだったのではないだろうか。

川崎警察署では、この朝から刑事たちによる事情聴取が行われた。警察はストレートに事件との関与を問いただしたにちがいない。

証拠は、ほとんど言い訳の余地がないほど揃っていた。

殺害現場付近の防犯カメラには、遼太を含む四人で河川敷に向かう様子が映し出されていたが、帰りは遼太だけがいなくなって三人になっていた。携帯電話のＬＩＮＥの記録には、遼太を「フルボッコ」にしようなどというやり取りが残されていた。さらに前夜の事情聴取では、剛と星哉が現場にいたことを認めていた。

これだけの証拠を突きつけられれば、虎男はどうすることもできなかっただろう。彼は「何も話さない」と言ったきり、下を向いて口を閉ざした。もはや沈黙するしか自分を守る術《すべ》がなかったのだ。

同日の午前十一時頃、刑事は逮捕状を取り、正式に虎男の逮捕に踏み切った。起訴にまで持っていけるという絶対的な自信があったのだ。午後には、昨晩帰宅を許していた剛と星哉の逮捕状も取り、身柄を拘束した。

三人の逮捕が全国に報じられたのは、それからすぐのことだった。

通夜《つや》

少年三人のうち、最初に自らの罪を認めたのは、意外なことに虎男だった。

逮捕当日こそ、彼は口を閉ざして黙秘を貫いていた。だが、翌日には態度を一変させて、「一晩寝て整理がついて、話さなければならないと思った」と言いだし、殺害を示唆《しさ》する発言をはじめたのである。

彼はもともと気の弱い性格だ。逮捕状や多くの証拠を突きつけられたことで、抗《あらが》う気力を失ったのだろう。結果として、彼の自白が事件の経緯を明らかにすることになった。

他方、剛と星哉の取調室での態度はまったく異なった。

剛は当初、遼太を殺害したのは虎男であり、自分は「現場にはいたが殺してはいない」と事件への関与を頑《かたく》なに否定していた。だが、刑事からＬＩＮＥに虎男が剛を呼び出した記録があると指摘されると、「カミソンが血を流して倒れているのを見ただけ」などコロコロと供述を変えた。やがて弁明に行き詰まったのだろう、彼は虎男に脅されて複数回にわたって遼太の「顔」を切ったことを認めたのである。

否認をしつづけたのは、星哉だった。逮捕直後、彼は刑事にすがりつくように「ごめんなさい、ごめんなさい」と謝罪したり、机に突っ伏して大声で号泣したりしていた。反省している様子で、〝完オチ〟するまで大して時間がかからないだろうというのが大方の見方だった。

彼は、一度は切りつけたことを認めたものの、その後は供述を翻《ひるがえ》し、どれだけ証拠を突きつけられても、殺害への関与を認めなかった。泣いていた時とは打って変わった頑なな態度になり、「傍で見ていただけ」「一切手を下していない」「切りつけたふりをしていただけ」「上村君の名前さえ知らなかった」と言い逃れに徹したのだ。

こうした取り調べの様子は、捜査関係者を通じてマスコミへとつたわった。メディアは三人の逮捕後も、連日この事件を報じつづけた。凶器がカッターナイフだったこと、真冬の川で泳がせたこと、殺害の理由が逆恨みだったことなどが、テレビや週刊誌、ネットを通じてどんどん明らかになっていったのである。それは事件の凶悪性をつたえるに十分すぎる内容だった。

テレビ局の記者の言葉である。

「事件報道って犯人が逮捕されたら少しずつ終息していくものなんです。警察から漏れてくる取り調べの内容だってかぎりはありますからね。でも、今回の事件はそうじゃありませんでした。むしろ、警察から漏れてくる事件の残酷な内容がつたわるにつれて、人々の怒りがどんどん膨らんでいった。日増しに注目度が増していった感があります。

それはバッシングにつながりました。すでにネットには加害者の個人情報がすべて出ていたので叩《たた》きやすかったのでしょう。特に加害者三人のうち二人がフィリピン人とのハーフだったことはことさら注目され、ネット世界のレイシスト（差別主義者）たちの間で一斉に誹謗《ひぼう》中傷の嵐《あらし》が起きました。テレビでは報じられないような内容もたくさんありましたね」

少年たちへのバッシングは、ネットを中心にして行われた。個人情報が掲載されたサイトがいくつもでき上がっていたため、ネットで犯人たちの詳細を知った人々が、感情に任せるようにして、掲示板などに書き込みをはじめたのだ。前出の記者が「報じられないような内容」というのは、次のような言葉だ。

フィリピーナは切れると暴れて頭がおかしくなるほどくるちゃうんだよ。
フィリピーナと結婚した人や彼女がいる人がみんな言ってるよ。
夫婦げんかすると物を壊したりやつあたりしらりひどいらしいよ！
フィリピン人の遺伝子なんだよ。
だから子供も切れたらおさまらなくなるんだよ。
三鷹ストーカー殺人も母親がフィリピン人だよ。

ヒリピン乞食《こじき》撲滅
フィリピン売春婦が日本国籍欲しさにガキ作ったところで
そんな売春婦がちゃんと教育できるわけねえんだから
こういう雑種の出来損ないが街にはびこるんだよ
だからこういう事件は今後も増えるだろう
安部政権は外貨欲しさに入国ビザを大幅に緩和させてるが
根本的な問題をもっと考えなきゃあかんよ

（原文ママ）

加害少年たちの犯した罪は重く、批判されて然《しか》るべきだ。しかし、こうした差別的な発言は当然許されるものではない。

なぜこうした中傷があふれたのか。先の記者は自論を述べる。

「犯行の残酷さがそうさせたんだと思います。報道では、虎男たちが殺すのをためらいながらカッターで切ったという話はほとんどありませんでした。殺すために何回も首を切ったという話になっていた。

一般の人がそれだけ聞けば、犯人はどれだけ残酷な人間なんだろうと思いますよね。到底、人間のやることじゃないと思う。それで自分たちと同じではない人物、例えば今回でいえばフィリピン人とのハーフならやりかねないという過激な発想になったんじゃないでしょうか。自分とはちがうところを見つけ出し、頭のおかしな人間の所業なのだとした方が受け入れやすかった。それが人種差別的な物言いにつながったのではないかと思うんです」

別の記者は、異なる意見を述べる。

「この事件は現代のあらゆる問題が凝縮しています。そもそも事件が大きな話題となって広まった背景には、ネットで犯人たちの個人情報が漏れたことが一つあります。リアルタイムで閲覧していた人たちは、マスコミに先行して自分たちこそが重大な事実を知っているという錯覚に陥って次々と勝手な意見を言い出した。現実社会で言えないようなこともネットでは発言できるということもあったでしょう。それゆえ、加害者の出自などごくプライベートな情報が盛んに話題に上り、差別発言が飛び交うことになったのではないでしょうか。ネットの特殊性が露骨に出たものだと言えると思います」

　こうしたネットでの中傷は二次元の世界を飛び越え、現実世界にも拡散するようになった。一部の人たちが、ネットに流出した住所を頼りに加害少年の自宅に押しかけ、嫌がらせをしたのである。

　具体的に言えば、加害少年の自宅に中傷の手紙を送りつける、ブロック塀に赤いカラースプレーで「フィリピンにかえりな‼」(または『フィリピンにかえりたい』)と落書きをするなど……。

　中傷は母親の国籍だけでなく、祖母のそれにまで及んだ。虎男の祖母が韓国の血を引いているという話が広がり、自宅の駐車場に止めてあった乗用車に、ペンキで「KOREA」という落書きがなされたのである。

金藤は語る。

「川崎に外国人やハーフは珍しくないですよ。そりゃ、中にはからかわれる奴《やつ》もいるけど、川崎に住んでいれば特に気にならない。今更何言っちゃってんのって感じになる。

でも、今回の事件では血のことを結構言われたじゃないですか。俺、あれ聞いて、人って信じらんねえなって思った。いつもは普通に接しているのに、何かあればこんなふうに思うんだって。本心を見たっていうかなんて言うか……。

まぁ、でも俺は仲間を信じてますけどね。俺の仲間はそんなこと言いませんから。クソみたいなことを言うのは、ネットの連中ばっかですよ。川崎に住んでいる人間はそうじゃないって信じてます」

金藤が付き合っている仲間は、差別的な表現を直に口にすることはないのかもしれない。だが、ネットの恐ろしいところは、その匿名《とくめい》性ゆえに「仲間」と「そうでない者」の境界線が崩れていくことではないだろうか。

地元の自治体職員は語る。

「川崎は昔から外国人が多かったことから、人権教育に積極的に取り組んできました。市でも国籍に関係なく平等に生活や学習、就職の機会が得られるように様々な施策をつくっていました。

　でも、今回の事件がそれをかき回した感はあります。特に川崎大師の地区に関しては、マスコミがたくさん入って未成年にいろんなインタビューをしたばかりか、ネットでもひどい言われ方をしました。それが原因で小学校や中学校で外国人や外国人を親に持つ子供たちが肩身の狭い思いをすることが増えた、と学校側から聞いたこともあります」

　神奈川県の公立高校には、在県外国人等特別募集の制度があり、外国人家庭や日本国籍取得から間もない生徒には手厚いサポートが行われていた。決して自治体を含む地域全体が外国人家庭の子供を見捨てていたわけではない。だが、今回の事件は、そうした町の地道な取り組みの根幹を揺るがすことになったのである。

　ネットが生み出したバッシングの標的となったのは、加害少年やその家族だけではなかった。本来は被害者として憐《あわ》れまれるべき遺族まで傷つけることになった。善明がそうだった。

　メディアによって加害少年三人の逮捕が報じられた時、善明は安堵《あんど》する一方で、自分の手でつかまえられなかったという忸怩《じくじ》たる思いも抱いた。警察が彼らを逮捕した以上、もはや自分は蚊帳《かや》の外から警察の対応を見守ることしかできなくなったのだ。

善明は、メディアが流す事件の情報にこまめに目を通しながら今後どのように事件に向き合っていくべきか悩んでいた。そんな時、たまたま手に取った週刊誌に、自分を批判する記事があるのを見つけた。西ノ島で雅子と結婚していた時、善明が家庭内暴力をふるっていて、それが原因で離婚になったというものだった。記事には「遼太の両親が離婚したのは、善明の暴力が原因だった」という島民の証言も掲載されている。

誰がこんな根拠のない話をしているのか。善明はすぐに忘れ去られるだろうと期待したが、記事は瞬く間にネットにも飛び火し、掲示板などで血も涙もない言葉が善明に投げかけられるようになった。「遼太が殺されたのは、もとはと言えばＤＶが発端」「ＤＶを受けたから子供が夜遊びするようになった」「ＤＶ親には悲しむ資格なし」……。息子を失った傷をさらにえぐられるような思いだった。

善明は言う。

「西ノ島の社会はものすごく狭いんです。だから、離婚しただけで、あることないことといろんな噂《うわさ》が飛び交う。それは僕と遼太の母親の時も同じでした。僕はそういうことにかかわりたくないと思う性格なので何を言われても放っておきました。

今回取材の人が島の人から聞いた話もそんな類《たぐい》のものだったのでしょう。何度も言いますが、僕が彼女に暴力をふるっていたという事実はありません。離婚したのも長男のことがきっかけです。それなのに、取材した記者は事実を確かめずに、面白おかしく僕がDVをしていたと書き立てたのです。

僕は今回のことがあって雑誌は逆に評価しているんです。特に『週刊文春』と『週刊新潮』はちゃんと取材しているなって思う。でも、他の雑誌はそうじゃない。取材した人が適当なことを言ったら、それを確認せずに載せてしまうことがある。彼らは商売でやっているんでしょうが、それをされて傷つくのは当事者なんです」

家庭内で起きていたことが本当に家庭内暴力だったのか否《いな》か。家族全員の意見を聞かなければ、真相はわからない。

ただ、はっきりと言えるのは、善明と雅子の離婚は、事件の四年も前ということだ。善明からすれば、そんな昔の出来事を持ち出されて、批判される所以《ゆえん》はなかっただろう。

善明は反論する術もなく、自分に向けられた中傷に耐え忍ぶしかなかった。彼にとっての慰めは、舞とのメールのやりとりだった。

「人々の批判は、僕だけでなく、子供たちをも傷つけます。特に、僕は舞のことを心配していました。舞はきょうだいの中でも遼太と一番近い存在だったので、彼が夜遊びをしたり、不登校になったりした理由をわかっていたかもしれない。それを家族にすら言えず、悲しみを背負っていたことも考えられます。

僕は舞とだけはメールで連絡を取り合っていました。事件については何も言いません。内容は日々のたわいもないことだけです。『元気か?』みたいなこと。

傷ついていた時期だったので、これだけでも十分だったんです。舞からメールをもらえるだけでホッとしたし、舞もそう思っていたんじゃないでしょうか」

癒《い》えようのない深い悲しみを抱えている者同士、お互いにつながっていることを確認するだけでよかったのだろう。

善明は舞とメールのやりとりをする一方で、雅子とはまったく連絡を取っていなかった。善明にしてみれば、なぜこんな事件が起きたのか、一番近くにいたはずの雅子から直接説明を聞きたいと思っていたが、彼女の方からは一切音信がなかったのである。

舞からあるメッセージが届いたのは、三人の逮捕から少し経った日だった。内容は、遼太の葬儀が行われるということだった。雅子は学校関係者や親戚には葬儀の案内を送っておきながら、善明には何一つつたえようとしなかった。それを知ってか知らずか、舞が葬儀の日取りと会場を教えてくれたのだ。

三月二日の夜、川崎にある斎場で通夜《つや》が行われた。雅子からの案内はないままだったが、善明は息子を弔いたいという気持ちから赴くことにした。

斎場に到着すると、弁護士や警察関係者の他、大勢の報道陣がつめかけていた。

「上村家式場」と記された入り口の横には、次のような立て看板があった。

「報道関係の皆様へ」

通夜・葬儀式につきましては家族で温かく見守り執り行いたく存じます。

誠に勝手ながら入場及び取材はご遠慮願います。　上村家

記者たちは通夜への立ち入りを拒否されたことから、斎場の外から取材をしていたのである。カメラマンたちが三脚に乗せた一眼レフを向け、記者たちがメモ帳を片手にじっとたたずんでいる。制服を着た同級生たちが斎場に入っていく度に、シャッター音とともにフラッシュが光る。弔問客を追いかけて、マイクを向けてコメントを取ろうとするキャスターの姿もあった。

会場は、マスコミのせいで終始緊迫した空気に包まれていた。そんな中、予想もし

なかった出来事が起きた。現場に居合わせた全国紙の記者は語る。

「通夜の最中に起きたのは、ある少年による動画生配信の騒動でした。この少年は動画配信を趣味としていて、それまでも虎男の家をニコ生で配信して騒ぎを起こしたことがありました。この日も、斎場にやってくるなり、パソコンを画板みたいに首から下げて配信をはじめたんです。

通夜に参列していた少年たちが、それを見て絡《から》んだことでトラブルに発展した。遼太の知り合いのグループが『何やってんだよ！』みたいな感じでつっかかっていって、さらに大人も間に入っていった。少年も抵抗するものだから記者たちも集まっていって余計に騒ぎが大きくなりました。動画配信の閲覧者がどれだけいたかはわかりませんが、ネットではかなり大きな反響を呼びました」

常識では考えられない個人の行動が、ネットを介することで公然と広がり、社会をかき回す。ネット時代を象徴する出来事だといえるだろう。

騒動はこれだけでは収まらなかった。記者はつづける。

「少年の問題があった後、記者たちがそれらを取り囲んで撮影をはじめたんです。不良たちがこれにキレたことで二番目の騒動が起きました。いきなり記者に向かって『てめえ、撮影してんじゃねえ』みたいな感じでつっかかっていったんです。小競《こぜ》り合いにまで発展して、警察が呼ばれる事態になりました」

しめやかに行われるべき通夜の中で、野次馬、記者、遼太の友人たちが入り乱れて警察沙汰《ざた》を起こしていたのである。

この間、斎場の二階では粛々と通夜が行われていた。遺族席には、善明の椅子《いす》は用意されていなかった。遠くに懐《なつ》かしい子供たちや、その親戚の姿が見えたが、みなよそよそしい態度で話しかけてこようとしない。招かれざる客だったのか――。

過去に何があったとしても、こういう時くらいは声を掛けてくれればいいのに。善明にはそんな思いがあったが、通夜に水を差すことは避けたいと思い、一般弔問客に混じって見守ることにした。

会場には遼太の同級生らしき制服を着た男女の姿も少なくなかった。嗚咽《おえつ》したり、涙をぬぐったりして、バスケットボールが供えられた霊前で手を合わせている。笑顔でピースサインの遺影が悲しみをより一層大きくする。西ノ島に暮らす親子の姿もあった。わざわざ島から駆けつけてくれたのだと考えると感謝の気持ちしかなかった。

そんな会場の空気を凍らせる出来事が起きたのは少ししてからだった。弔問客の女性がつかつかと雅子のもとへ歩み寄っていったかと思うと、唐突に平手を顔に三回叩きつけたのだ。その場にいた人々は青い顔をして凍りついた。

雅子は叩かれた顔を押さえ、言い返すように叫んだ。

「何にも知らないくせに！」

そして声を上げて号泣しはじめたのだ。叩いた弔問客の女性はそれを見て、今度は慰めるように雅子を抱きしめた。

後に判明したのだが、この女性は雅子の知人だった。彼女は雅子が恋人と同棲《どうせい》することで家庭を顧みていなかったことが事件の背景にあると考えていたらしい。彼女は週刊誌の取材に次のように答えている。

「遼太君の母親に彼が出来たのは、去年の春頃です。そのうち、彼女が住んでいるアパートで半同棲みたいな状態になっているというから、彼女に電話して叱《しか》ったんです。〝男とはせめて外で会いなさいよ！　子供たちの居場所がなくなっちゃうじゃないのよ！〟と。（中略）それでだんだん疎遠《そえん》になっちゃって、あの事件ですよ」（「週刊新潮」二〇一五年三月十九日号）

事件発生以降、雅子の保護者としての責任問題を指摘する声は少なからずあったが、被害者ということもあって声高に語られることはなかった。しかし、この一件がきっかけになったかのように、マスコミは母親の責任について容赦なく書きつらねるようになった。

たとえば、葬儀があった週、「週刊文春」が雅子を糾弾するような記事を出している。次がそれである。

■捜索願も出さず　上村君のSOSを見過ごした母親の責任

母親は島で看護師助手として働いていたが生活は苦しく、一昨年夏、子供を連れて実家がある川崎に舞い戻った。川崎では、子供たちを自宅から徒歩数分の実家に預け、昼は病院で介助の仕事、夜は再びスナックで働いた。

「気さくな人なのですが、採用面接時にジャージとサンダルで来たくらい常識がなかった」（病院関係者）

遼太君が少年A（注・虎男）のグループと知り合ったのが昨年十一月頃。その頃から深夜の外出が目立つようになり、時には二、三日、家に戻らないこともあったという。

彼らの夜遊びを度々目撃していた地元の女性が語る。

「平日の夜中によく見かけたので、『親は知ってるの？』と注意したことがありました。そしたら上村君は、『親は何も言わない。ほったらかしだから』って」

遼太君の妹の同級生の話。

「家に遊びに行くと、遼太君が、『ゆっくりしていってね』と優しく声をかけてくれた。その妹が今年になって、『お兄ちゃんが家に帰って来ない』と心配していました」

社会部記者がいう。

「まだ十三歳の子供が、事件当日も朝まで帰らなかったのに、捜索願も出していない。気の毒ですが、母親にも責任の一端はある」

遼太君の遺体が発見されたのは二月二十日午前六時十五分。捜査本部が遺体の身元を発表したのが翌日の正午過ぎだった。

「遺体が遼太君だと判明した翌日の夜、母親と娘、母親と交際中の彼氏の三人が出歩いていたのを見た。ケロッとした様子だったのでビックリしました」（地元住民）

（「週刊文春」二〇一五年三月十二日号）

事件の責任問題は、加害少年三人から善明、そして雅子にまで飛び火することになったのだ。

相次ぐマスコミの追跡や世間からの批判。その中で、雅子は身も心も傷つき、祖父母や子供たちとともに川崎を逃げるように立ち去ることを決意する。公判での意見陳述によれば、彼女は子供たちとともに身元を隠して、川崎とは異なる土地でひっそりと暮らしているという。

第四章　犯　人

裁判

事件から約一年が経《た》った二〇一六年二月二日、横浜地方裁判所で虎男の初公判が開かれることになった。

開廷の前から、裁判所の一階には長蛇の列ができていた。事件の注目度の高さを示すように、四十七席の傍聴券を求めて八百人以上もの人々が抽選に並んだのである。行列の中にはマスコミだけでなく、河川敷のボランティアのメンバーや遼太を知る不良グループのメンバーの姿もあった。

午前十時になり、横浜地裁一階の法廷で、裁判が幕を開けた。起訴内容は、虎男が殺人と傷害（日吉事件）、剛と星哉は傷害致死だった。事件の翌月から横浜家庭裁判所で少年審判が行われた結果、事件の重大性から三人とも刑事処分が相当と判断され、逆送（検察官送致）が決定。改めて検察官によって取り調べが行われた後、成人同様の裁判員裁判で裁かれることになったのだ。

傍聴席に用意されていた記者席の片隅に腰かけた私の目の前に広がっていたのは、これまでの別の裁判では、見たことがないような光景だった。

通常の裁判員裁判では、傍聴席から見て正面に裁判官三名と裁判員六名が並び、中央の証言台を挟んで片側が検察官、その反対側が弁護士の席になっている。被害者参加制度を利用して、被害者の遺族が参加する場合は、検察官の後ろなどに席が設けられることになる。

今回の裁判が異様だったのは、善明と雅子の間にアコーディオン式の衝立が立てられていたことだ。一般的に遺族が傍聴席の人々に顔を見られたくないという理由で、傍聴席に向かって衝立を設けることはある。だが、傍聴席に対しては開かれているのに、父親と母親との間にそれを立てるというのはまずない。

しかも、善明と雅子の入退廷の際は、かならず時間をずらして移動していた。両者が顔を合わせないための配慮である。休廷の度ごとに、裁判所の職員たちが気をつかって声を掛け合って衝立を押さえたり、ドアを開けて誘導したりする光景には、両者の間のただならない確執を感じずにいられなかった。

証言台に立った虎男は、髪を丸刈りにし、グレーのスーツを着ていた。長い間拘置所にいたせいか、首のあたりがほっそりと痩《や》せたように見えた。彼は遺族から目をそらすようにうつむいている。

冒頭、女性の裁判長が虎男に向かって、公訴事実に誤りがないかどうか尋ねた。虎男は聞き取れないほど小さな声で答えた。

「まちがいありません」

記者席にすわっていた人たちが一斉に立ち上がって法廷の外へ駆け出る。速報を送るのだ。

罪を全面的に認めたということは、今後の裁判の展開は明白だった。虎男は罪を犯したことを反省し、事件に至った経緯をつまびらかに述べ、謝罪の念を明らかにすることで妥当な刑期を求めるしかないのだ。

何の罪もない中学一年の少年をカッターで四十三回にわたって切りつけ殺害した事件に、いかなる情状があるのだろうか。

裁判で明らかになった加害少年たちの経歴に、友人や関係者への独自取材の内容を織り交ぜながら、その素性に迫りたい。

虎男の生い立ち

日本人の父親とフィリピン人の母親の下で、虎男は三人きょうだいの末っ子として生まれ育った。上には姉が二人いる。

虎男の父親は、トラックの運転手として働いていた。風貌《ふうぼう》は、少々いかつい。切れ長の目に、パンチパーマをかけていたこともある。首からはネックレスを下げ、一見しただけでは、堅気ではないように見えなくもない。

だが、家族を知る近所の住民の評判は決して悪くない。

「川崎区は工場労働者の町なので、あの人みたいな格好をした人は少なくありません。むしろ、ごく普通です。あのお父さんも都内のオフィス街や高級住宅地にいれば異質かもしれませんが、ここらへんの住人としてはよく見かけるタイプですし、人間的にはきちんと子供を養っていて真っ当な方だと思いますよ」

父親は自宅を購入するために数千万のローンを組み、家族五人と年老いた母親を養っていた。ローンの返済だけで毎月十七万五千円。それをしっかりと払っていたというから、仕事は熱心だったのだろう。

母親は、元ホステスのフィリピン人。ふっくらとした気のよさそうな顔立ちをしていて、足が悪く歩行時は杖《つえ》をついている。一家と親しくしていた平実紀夫《たいらみきお》（仮名）は、次のように語る。

「川崎にはフィリピンの人がたくさんいて、教会を中心にしていくつかのコミュニティーができ上がっていました。ミサで知り合い、ママ友みたいになって支え合うんです。日本語が不自由な母親の手伝いをしたり、子育てに力を貸したり。

虎男のお母さんは、このあたりでも大きな教会に通っていて、そこのリーダー的な存在でした。持ち家があって経済的にも安定してたし、コミュニケーションにも大きな不自由はない。社交性もあるということで信頼されていました。ただ、何年か前に事故に遭って足を怪我《けが》したことから杖をつくようになりました。それ以降は家に引きこもりがちになりましたね」

母親が親しみのある性格だったというのは、虎男の友人たちの意見とも一致する。

虎男の家はたまり場になっており、度々友人が遊びにきていた。夕食時になると、母親はフィリピン料理のアドボ（酢をつかった肉や野菜の煮込み料理）やシニガン（酸味のあるスープ）などをごちそうしたという。夕食は日本の料理とフィリピンの料理が同じ食卓に並べられていたそうだ。

そんな両親の下で育った虎男は、小学校に上がる前に一時期難聴で通院したことがあったが、それ以外は大病を患《わずら》ったことはなかった。公判での精神鑑定結果によれば、ＩＱは八十五。やや低いくらいで日常生活ではさしたる問題があったわけではない。また、発達障害や精神疾患の診断も受けていないという。身長、体重も同年代の中ではごく普通だ。

　事件の残忍さゆえに、虎男は相手かまわず暴力をふるう攻撃的な人間のように報じられてきた。だが、彼を幼い頃から知っている人物の印象はまったく逆だ。

　家族と交友のあった原和代《かずよ》（仮名、五十代）は語る。

「私は、虎男君がまだ小学生くらいの時に家に出入りしていたことがありました。その時の印象から言えば、彼は家族思いの良い子でした。おじいさんが体が悪くて寝たきりだったんですが、家族がみんなで面倒を見ていて、幼い虎男君もいろいろと手伝いをしていたと聞いています。だから、私にとって彼のイメージは、家族のことを大切にする立派な子なんです。いわゆるおとなしい優等生のような感じじゃないですが、家族のためにあれこれ気をつかう子ですね。お姉さん二人にかわいがられていましたし、唯一《ゆいいつ》の男の子ということで自分が何かやらなきゃという気持ちもあったんじゃないでしょうか」

家族の仲もよく、みんなでバーベキューをしたり、カラオケに行ったりすることもあったようだ。

だが、小学校の中学年頃から、虎男は学校で少しずつ浮いた存在になる。落ち着きがなく授業中に無駄話が止まらなかったり、友達と信頼関係を築けなかったり、些細《ささい》なことで人とぶつかったりするようになったのだ。教諭から注意を受けることもよくあった。

実はこの頃、虎男は学校で同級生からからかわれるようになっていた。母親がフィリピン人であり、顔も日本人より目鼻立ちがくっきりとしていて目立っていたことも一因だった。教室の中や、登下校の最中に、「おい、フィリピン」と馬鹿《ばか》にされたり、理由もなく突き飛ばされたりしたことがあった。

そんな時、虎男はカッと頭に血を上らせて相手に立ち向かっていった。感情的になると、言葉より先に手が出るタイプだったのだろう。この当時のことで父親が記憶しているのは、小学四年の時の出来事だ。

ある日、学校の教諭から連絡があり、両親が呼び出された。学校へ赴くと、虎男が同級生とケンカして暴力をふるったのだと言われた。父親が怒って理由を質《ただ》したが、口をつぐんで答えようとしなかった。後日、虎男は母親に対してそっと「かあさんの国籍のことでからかわれたので叩《たた》いた」と言ったという。

起きたことだけ見れば、クラスの中で人種差別的な言動があったことになる。だが、友人の黒澤に言わせれば、川崎の小学校には外国籍やハーフの生徒はたくさんいるので、それ自体がからかいやいじめの原因となることはほとんどないらしい。

なぜ虎男は不当な扱いを受けることになったのか。黒澤の意見である。

「川崎じゃ、ハーフってだけでいじめられることはないよ。俺の友達だって何人もいたもん。いじめに国籍とかは関係ない。虎男がウザいと思われてたのは、あいつの性格のせいだよ。

あいつ、マジで性格曲がってるんだ。人と話をしていたらいきなり邪魔してくるし、カー・ゲームの最中に道に車を横付けして動けなくしたりする。いちいちめんどくさいことばかりすんだよ。それで嫌がられるのは当然でしょ。

俺なんて、あいつと初めて会った時、いきなり殺虫剤まかれたからね。家に遊びに行ってゲームしてたんだ。そしたら何を考えたのか、ガムテープを持ってきて俺の手を後ろでぐるぐる巻きにして、殺虫剤を吹きかけてきた。マジわけわかんないでしょ。そういう奴《やつ》なんだよ。ハーフとか、母さんがフィリピン人だとかは関係ないよ」

虎男にはその場の空気を読まずに人の邪魔をしたり、相手の嫌がることをしたりする行動が目立っていた。同級生たちはそんな彼を毛嫌いし、輪から外すためにハーフであることを口実にいじめたというのだ。

どうして彼は友人が嫌がることや、輪をかき乱す行為をくり返したのか。

裁判で弁護側の証人として出廷した駒沢女子大学教授の須藤明《すとうあきら》氏（犯罪心理学・臨床心理学）は、精神鑑定の結果をもとに、虎男の「共感性が乏しい」という性格を指摘した。人の気持ちを察したり、それに合わせて行動したりすることが苦手だということだ。背景には家庭内での親との関係性があったと教授は推測している。

実際、弁護側の主張によれば、父親は虎男に対して相当厳しく接していたらしい。意に反したことをすれば、しつけを理由に体罰を加えることもためらわなかった。平手で叩くだけでなく、拳《こぶし》で殴りつける、足で蹴《け》りつける、深夜に外へ追い出す……。また、家の中で長時間にわたって正座をさせることも珍しくなかった。長い時には六時間にも及んだ。

それについて語った父親の証言である。

「体罰をしていたことはまちがいありません。時間を守れなかった時、嘘《うそ》をついた時、ケンカをして人に怪我をさせた時、体罰をしていました。痛みを感じさせればもうやらないと思って、二回言葉で言ってわからなければ叩いていました。（体罰をすることについて）最初の頃息子は自分が悪いからだと考えているようでしたが、大きくなってからは叩かれるのが嫌で避けるようになったので、そんな時は顔を足で蹴るようになりました」

虎男が過《あやま》ちを犯したのはまちがいないが、時には父親が誤解から不条理な体罰を加えたこともあったという。虎男がそれを言おうとしても、父親は耳を傾けてくれなかったそうだ。「言い訳をするな！」と逆上して余計に激しく拳で殴られたのだ。

母親は、こうした体罰を見守っていたばかりか、時として父親と同様に力で息子を抑えつけようとしたこともあったようだ。たとえば、言いつけを守らなかった時、ハンガーやベルトで殴りつけるなどした。

また、須藤教授によれば、日本語のコミュニケーションにも多少の問題があった。母親は日常的な言葉のやりとりで大きく困るようなことはなかったが、細かな点ではうまくいっていなかったようだ。気持ちの微妙な部分を上手に日本語で表したり、相手の感情を引き出して受け止めたりするだけの語彙《ごい》は持ちあわせていなかったらしい。

虎男にしてみれば、このような両親に対して「話を聞いてくれない」「どうせ自分は理解されない」「相談はしない」と考えるようになるのは自然であり、コミュニケーションによって人と真っ当な関係をつくろうという考えを持てずに育った。弁護側の意見をまとめれば、そうした中で彼は人とぶつかった時に「暴力以外の解決する方法を知らなかった」という。仮にこれが事実なら、虎男の乱暴な性格の背景には、両親の厳しいしつけの影響が少なからずあったといえるのかもしれない。

中学は地元の市立Ｋ中学に進学した。川崎区の中でも真ん中あたりに位置しており、当時は指折りの不良の多い学校だった。友人たちによれば、この中学の一学年上で悪名を轟《とどろ》かせていたのが、後にラップの世界で有名になるヒップホップグループ「ＢＡＤ　ＨＯＰ」の一人、Ｔ‐Ｐａｂｌｏｗだった。彼は、川崎の様々な不良を相手に暴力をふるっては警察沙汰《ざた》を起こしていたそうだ。

このような荒れた学校で、虎男のような人間がうまく人付き合いをして渡り歩いていくのは難しいだろう。彼はすぐに不良グループに目をつけられた。原因は、不良グループの仲間や後輩と虎男がもめたことの仕返しだった。以来、暴力をふるわれたり、からかわれてつかいパシリをさせられたりするようになった。

ただ、虎男は不良グループの前では媚《こ》びへつらって言いなりになっているが、裏では不良の真似事《まねごと》をしていきがっていた。喫煙、万引きなどは、この頃から顕著になっていったそうだ。

金藤は語る。

「中学時代は、陰に隠れてる感じでぜんぜん目立ってませんでした。存在自体にあんまり気づかれてない。でも、どっか陰険な奴って感じです。友達もあんまりいなかったんじゃないかな。

印象に残っているのは、万引き自慢。スーパーとか入ると、癖みたいな感じでお菓子とかライターとかどうでもいいものを盗んでくる。そしてそのことをやたらと自慢げに語ってくるんです。『俺はなんでも盗めるんだぞ。お前できるか。やってみろよ』みたいな。万引き病っすね。

あいつの周りにいたのは、みんなおとなしい奴らだった。彼はアニメやゲームにはまっていて、むちゃくちゃ詳しい。だから自然と友達もオタクみたいな奴が多かったんだと思います。そのオタクのグループの中で万引き自慢とかしてるから、せこい感じがした。

同じ学校の不良グループは、虎男のことをウザいと思っていたと思います。時々呼び出しては何かを買いに行かせたり、ひっぱたいたりしてた。そんな時、あいつは絶対に逆らうようなことはしません。力で負けるのはわかっているから言いなりになるんです。陰で文句は言ってますけどね」

一学年上の不良たちも、虎男に対して似たような印象を抱いていた。「BAD H

OP」のメンバーT-PablowやYZERR、Tiji Jojoは、インタビューの中で中学時代の虎男について尋ねられ、次のように話している。

「ほとんどかかわりはなかったけど、変わってる奴という印象でした」「マンガでいうところの、電柱から顔を出してこっちの様子を窺《うかが》うキャラみたいな。不良にあこがれがあるけど、輪には入ってこれない」「1コ下、2コ下にも不良がいるけど、そいつらには太刀打ちができないから、もっと下の子を引き連れるっていう」「事件のときも、暴力に慣れてないから、止めどころがわからなかったんだと思う」

（『サイゾーpremium』磯部涼の「川崎」）

彼らが語る年下の不良にも太刀打ちできなかったという話は、実際に起きた出来事によっても裏打ちされている。虎男は中学三年の時に、同じ学校の中二の不良グループに「悪口を言ってただろ」と因縁をつけられ脅されたことがあったのだ。

おそらく虎男は同学年の不良たちに力を借りて助けてもらうことすらできなかったのだろう。彼は中二のグループにつかまってリンチされることを恐れて、学校へ行くことができなくなってしまった。最終的に父親が学校へ出向いて不良グループと話し合うことで解決したそうだが、虎男の弱さだけが知れわたる出来事となった。

友人たちによれば、そんな虎男は、自分が偉そうに振る舞える相手だけを集めて虚勢を張っているように見えたらしい。黒澤は次のように語る。

「虎男のK中と俺のF中の間くらいにイトーヨーカドーがあって、ゲーセンが入っているんだ。そこには川崎駅あたりのゲーセンとちがって、小中学生のいじめられてる奴とか不登校の奴とかが遊びに来ている。俺もその一人だったんだけどね。

虎男は小学校の時からこのゲーセンに来ていて、知り合いをつくっていった。ゲームを一緒にやったり、アニメの話をしたりしてね。周りにいたのはそんな感じの奴ばかりだった。

あいつはそういう子たちを集めて煙草《たばこ》を吸ってみせるとか、気に食わないことがあると殴るとかしてた。お父さんの前ではクソいい子なんだけど、仲間の前だといきがるんだ。強い奴が相手だと『ごめんな、ごめんな』って謝るビビりなんだけどね」

不登校児、下級生、アニメやゲームオタク。そうした人間を集めてグループをつくり、中心にいたのが虎男だったのだ。

弱い者に対して大きく出る性格は、中学三年の時に学校で起こした出来事にも象徴されている。

同じ学年に、山田聖人《せいと》（仮名）という物静かで目立たない少年がいた。虎男は小学校の頃から彼をよく知っていたこともあって、暇を持て余している時は真夜中であるにもかかわらず山田のところにくり返し連絡を入れた。話し相手になってほしかったのだろう。

山田は虎男に対していい印象を持っておらず、あまりにしつこいので電話が鳴っても応じなくなった。すると、虎男はこの行動に逆上。翌日学校へ行くなり、山田に飛び掛かり、顔面を力いっぱい何度も殴りつけて怪我を負わせたのである。

このように虎男には不良たちに追いかけられながらも、陰で弱い者を相手に虚勢を張る性質があった。須藤教授は中学時代の虎男について「自分の弱さに直面」し「自分より強い相手に屈服せざるを得ない。そのことでいつもイライラしていた」とも述べている。ただ、中学時代までは大きな事件を起こすほどのことではなかった。

彼の刹那《せつな》的な凶暴性が一気に増すのは、高校に進学してからのことだ。

剛の生い立ち

ここでもう一人の犯人である剛についても触れておきたい。

剛の母親はフィリピンをわずか十七歳で離れて日本に出稼ぎにやってきた。水商売の世界でホステスとして働いたのである。カラオケの大きな音が鳴り響く店内で、ほとんど日本語がわからぬまま、酒を酌《く》み交わしたり、うたったりしていたのだろう。

一九九七年、母親は知り合った日本人男性の子供を妊娠し、未婚のまま出産した。これが長男の剛だった。男性は親としての自覚がほとんどない人間だったようだ。彼は剛が生後四カ月の時にようやく妻子と同居をはじめたものの、わずか二、三カ月で入籍さえすることなく家を出ていってしまった。

母親は仕方なく夜の町で働きながら一人で剛を育てていた。二年後、彼女は別の日本人男性と知り合って結婚。長女を出産した。だが、この日本人男性も父親としての責任感に欠けていたのだろう。それから一年も経たずに離婚し、家を去った。

外国人女性が異国の地でシングルマザーとして幼い二児を独力で育てるのは困難だ。彼女も子供たちを抱えていったん母国に帰国することにした。子供たちがある程度大きくなるまで家族や親戚の手を借りようとしたのだろう。フィリピンでの生活は約二年に及んだ。

剛が小学校へ上がる頃、母親は再び子供たちをつれて日本にもどってきた。剛を公立小学校へ入れ、長女を保育園に預けると、夜の商売へと舞いもどった。

仕事をはじめた母親はアパートにほとんど帰ってこなかった。夜から明け方にかけての勤務時間だけでなく、日中も家を空けることが多かった。友人の話では、いつでもかなり派手な格好をしていたというから、外で遊んでいたのかもしれない。

アパートでは、剛が母親の代わりに家の仕事を担《にな》っていた。小学校から帰宅すると、保育園へ妹を迎えに行き、家の用事をこなしたのだ。

小学校時代の剛を知る人物は「大人びていた」と語っているが、それは子供として親に甘えて生きていくことができなかったことを意味しているのではないか。公判で剛は当時の心境を「母から無視されていました」と語っているが、捨てられていたような思いを抱いていたにちがいない。

珍しく母親が家に長時間いる日でも、親子の間で会話らしい会話はなかった。母親は虎男の母以上に日本語が拙《つたな》く、子供が単語をつなげ合わせるような話し方しかできなかった。文字に関してはほとんど読めなかったようで、学校からの配布物に目を通

しても理解できなかったらしい。（公判に証人として現れた際も、宣誓はタガログ語、証人尋問は通訳を入れていた）

コミュニケーションが通じないもどかしさゆえか、母親は子供を叱《しか》る時やうまく自分の気持ちが子供たちにつたわらない時には頭に血を上らせ、唐突にタガログ語になってがなりたてて手をあげた。剛にしてみれば、なぜ怒鳴られて殴られるのかまったくわからないまま、怒りが収まるまで耐え忍ぶしかなかった。

同級生の加藤正雄（仮名、事件当時十七歳）は語る。

「剛はすげえ暗い感じの子でしたよ。汚い格好して何もしゃべらない。周りからすれば、なんか不気味な感じでした。

悪口言われたり、いじめられたりすることも多かったですけど、向かっていくタイプじゃなかった。クソみたいに言われても聞こえないふりをして、物投げられても気づかないふりしてる。何をされても感情を持たない印象だったので、捉《とら》えどころがないっていうか……。不気味な感じがしたのは、そういう面があったからだと思います」

裁判で弁護側は、剛が深く考えずに目の前の状況を簡単に受け入れる性格だと指摘している。それは育児放棄の家庭にあって、感情を押し殺す術《すべ》を身に着けて大きくなっていったことも一因だそうだが、たしかにそういう側面はあるかもしれない。

剛は母親を恨んではいたものの、妹のことはかわいがっていた。生後数カ月で実の父が去って記憶になかったため、妹の父親を実父だと勘違いしてもいた。それを否定されるのは、小学四年生の頃だ。

その日、剛は母親からいきなり見知らぬ大人の男性を紹介されたのである。彼女はこう言った。

「これ、本当のお父さん。あなたのお父さん」

耳を疑った。

「僕のお父さん？」

「そう、この人がお父さん」

男性の方も、自分が父親だという。剛は否が応でも受け入れざるをえなかった。だが、その男は母親とやり直すわけでもなければ、剛を引き取ろうとするわけでもなく、すぐに目の前から消えていった。

二年が経った小学六年の正月。母親は剛をつれて、今度は父方の祖母に引き合わせた。これも予想しなかったことだった。祖母の方は初めて対面した孫について短くこう語っている。

「少し暗い印象だった」

それでも祖母にとっては嬉《うれ》しいことにはちがいなく、その年から正月は一緒にすごすことになった。

春になり、剛は地元の市立F中学に進学する。虎男が通っていたK中学の隣の学区にあって、ここもそれなりに荒れていることで知られていた。

中学入学後、剛はバスケ部に入部した。小学校時代の友達のいない状態から抜け出し、部活やクラスを中心に同級生の輪に溶け込みたいと思っていたのだろう。一学年六クラスあって生徒も多かったため、気の合う同級生もいたはずだ。

中学生活が順調にはじまろうとしていた矢先、剛にとって梯子《はしご》を外されるような出来事が起こる。母親が交際中の男性をアパートにつれ込んできたのである。彼女は子供たちに言った。

「この人、うちに住むから」

突如、母親の恋人と同居することになったのだ。

初めは剛ともうまくやっていたようだが、やがて様子が変わっていった。だんだんと態度が粗暴になり、剛の言動一つひとつに悪態をついてくるようになったのだ。時には、感情に任せて大きな声で怒鳴り散らすこともあった。

剛はこうした家庭の状況に不満を募らせた。これまで家庭を母の代わりに支えてきたのは自分なのだ。なぜ突然やってきた赤の他人に家長のような顔をされ、説教までされなければならないのか。剛は家に帰らずに町を徘徊《はいかい》することが多くなり、楽しかったはずのバスケ部も休みがちになった。

同じ頃、中学で剛は同級生から「死ね」などと言われていじめられるようになっていた。家にも学校にも居場所がなかった。中学二年に上がると、不良グループとの交友関係を広げていくが、その立場は決して対等のものではなかった。

彼らは理由もなく罵《ののし》ったり、殴ったりするだけでなく、頻繁に呼び出して非行に巻き込んだ。店での万引きや見張り、恐喝などを手伝わせたのである。彼らと一緒の時間が増えるにつれ、学校も不登校がちになっていった。

友人らの証言によれば「いいように利用されていた」剛が、不良グループとの付き合いを楽しんでいたとは思えない。だが、母親に相談しようとしたところで言葉の壁があるし、アパートにもどったところで母親の彼氏と顔を合わせなければならない。やむをえず不良たちと行動をともにしていたのだろう。

同級生だった比嘉は言う。

「剛はぜんぜん目立たない奴だった。存在感ゼロ。だって俺、同じ中学なのに最初あいつがいたのさえ知らなかったんだから。ミクシィやってたら、偶然あいつが同じ中学だってことを知ってしゃべるようになったんだ。

しょうがないよね、あいつ学校もあんま来てなかったもん。本人は不良じゃないのに、周りは全員不良でしょ。だったら、パシられるの当たり前じゃん。ドラえもんで言ったら、のび太みたいなキャラ。常にジャイアンに殴られてるみたいな。

よくやらされてたのはカンパじゃね。うちらの代のトップからの命令で金集めろって言われんの。それで盗みをするとか、人にたかるとかして金をつくって持っていく。トップの奴らからそれを山分けすんだけど、最大で二十三万円集まったって言ってた」

学校側が、不良グループからのいじめをどこまで把握していたかはわからない。だが、剛が不登校に陥っていることは問題視しており、度々母親に連絡をし、きちんと登校させるよう促したのだろう。

母親は不登校の理由を家庭には求めず、不良グループと付き合っているせいだと解釈した。そして考えもつかないような行動に出る。悪い仲間と引き離せばいいと短絡的に考え、剛を無理やりアメリカに住んでいる親戚のもとへと送り、数カ月の間そこに住まわせたのである。

これは剛の立場をより一層悪くしただけだった。比嘉は言う。

「剛は不登校だった上に、外国に行かされてたから学校にはほとんどいなかった。結構長い期間行ってたと思うよ。剛はもとからよくわかんねえ奴なのに、学校に来ないからますます理解できない感じになっちゃった。友達だってできないでしょ。ガチで独りぼっちだったと思うよ。外国へ行かされたのは、あいつにとってまったくいいことはなかったね。母さんのことをすげえ恨んでたし」

その後、剛は母親から帰国を許され、再び学校にもどった。

不良グループは、以前と同じように剛を呼び出しては、気まぐれに殴りつけたり、真夜中の非行に付き合わせたりした。アメリカへ行かされる前の生活に逆戻りしただけだったのだ。

見かねた母親はまたも同じような解決策を思いつく。ある日、「フィリピンのおじいちゃんのお墓参りに行く」と言って、剛をフィリピンへつれて行った。実家に到着するなり、母親は言った。

「剛は一人でフィリピンに残りなさい。ここにいれば悪い友達と付き合わないで済むでしょ」

息子の胸の内や生活環境のことは一切考えず、親戚に任せておけば何とかなるだろうと考えたのだ。母親は、本当に剛を置いて日本に帰ってしまった。

剛は「なんでだよ⁉」と思ったが、時すでに遅かった。言葉の通じないフィリピンに置き去りにされた数カ月は孤独だっただろう。毎日母親を恨んだ。その一方で、帰国できない自分を納得させるためか、「(不良との)交友関係を絶つには仕方ないのかな」と考え直すようになったという。

日本への帰国が許されたのは、中学三年の十二月だった。同級生たちは差し迫る受験へのラストスパートをかけている最中だった。

祖母(実父の母)は次のように回顧する。

「剛の生活のことでは、家にあまり帰らないことや同居する男性のことが気にかかっていました。中三でフィリピンから帰国した時、母親から連絡がありました。内容は、剛の進路相談に出てほしいということでした。行けるなら、自分の代わりに行ってほしい、と。それで私が母親の代わりに面談に出ることになったのです」

母親は受験の前に剛を帰国させたものの、日本の高校の仕組みをわかっておらず、祖母に進路面談に出てほしいと頼んだのだ。だが、不登校になっていた剛が進学できる高校はかぎられていた。

進学が決まったのは、ほとんど学力を必要としない都内の通信制高校だった。この頃、母親は同居していた男性と別れたばかりで、生活が不安定だったようだ。祖母は「高校へ行けるうちは行ってほしい」と思い、学費を肩代わりしてあげることにした。

晴れて高校進学がかなったが、剛はこのあたりから生活態度を一変させていく。これまでは不良グループに連れ回され、いいようにつかわれていたのが、見様見真似で自分でも非行に手を染めるようになるのだ。

とはいえ、彼には人とケンカをするような腕力はなかったし、暴走族やギャングといったグループに入ってうまく立ち回れる社会性もなかった。そのため、ゲームセンターで出会った気の合う友達とつるむようになった。中学時代の同級生でフリーターをしていた比嘉と本格的に親しくなっていったのもこの時期だ。

比嘉の言葉である。

「剛の頭の中はゲームしかなかったんじゃないかな。ゲームでストレス発散してるっていうか、ゲーセンに通ってずっと『湾岸（湾岸ミッドナイト）』や『ガンダム』をやってる感じ。あとは音楽ゲームの『ユビート』とか『マイマイ』とか。

高校入ってからは、自分から悪いことをするようになったね。ゲームに飽きてきて外へ出ると、たいてい盗みをしてた。どこへ行っても万引き。まぁ、（体が）ひょろいから、そんなことしかできないんでしょ。

たとえば煙草屋があるじゃん。そしたらトイレを借りるふりをして、中に入っていって、そこにある煙草をカートンごと盗んでくる。多い時は、四カートンとか盗んでたからね。おかげで、その煙草屋には盗難防止の鈴がつくようになっちゃった。あとは賽銭《さいせん》泥棒。中学の時にパシリとして手伝わされてたから、どこの寺だと盗《と》れるとかは詳しかった。あいつは川崎の牛丼屋《ぎゅうどんや》でバイトしてたけど、いつも金には困ってた」

不登校やフリーターの少年たちが集まって日中はゲームをして、たまに外へ出ては現実的な刺激を求めるように窃盗をし、またゲームの世界に舞いもどっていく。そんな日々がくり返されていたのだ。

ちなみに、剛が乗っていた原付は比嘉に盗んできてもらったものだったという。比嘉は町を歩き回って鍵《かぎ》のついたバイクを見つけては盗み、原付三台、単車一台を手に入れていた。剛は原付一台をもらい、その後また別の原付をもらって足にしていたそうだ。

母親は、そんな剛の荒れた生活を咎《とが》めることさえなかった。彼女は同棲《どうせい》していた男性と別れ、別の男性との交際に夢中になっていたのだ。

中島商店街近くのアパートを引き払い、別のマンションに引っ越したのはこの頃だ。

「ＫＯＲＥＡ　ＴＯＷＮ」と記されたゲートをくぐったすぐ先にある十二階建ての建物。不動産サイトによれば、３ＬＤＫで家賃は十二万円強。以前のアパートよりはよくなっていることから、周りは「金持ちの彼氏を見つけたんじゃねえか」と思っていたようだ。

　比嘉は言う。

「コリアタウンのマンションに引っ越してからも、剛は母ちゃんに放っておかれてたよ。あの母ちゃんって、ガチで派手なんだ。化粧とか、洋服とかすげえよ。母親じゃなく、女だったんだろうね。

　夜はパブで働いていて、朝はパートしてるって話だった。家に遊びに行ってもほとんどいることはなかった。ご飯もつくらなくて、カップ麺《めん》とかが置いてあるくらい。俺が剛や妹のために飯つくってあげたこともあったよ。俺、簡単なものならつくれるから」

　比嘉の母親もまた、シングルマザーだった。

　驚くのは、剛がマンションの合鍵を持たされていなかったということだ。家の鍵は二つしかなく、一つは母親が、もう一つは妹が持っていた。このため、剛は家に入る際は、携帯電話の充電器のコードをドアポストから差し込んで鍵を開けるしかなかったという。

充電器のコードで開錠できるのかと思ってしまうが、そこまでしなければ家に入ることすらできなかった剛の胸中はいかばかりだったろうか。彼は友人を家に招く際、当たり前のようにそうやって鍵を開けていたらしいが、鍵をもらえないことに対して恥ずかしいと思う気持ちさえすり減ってなくなっていたのだろう。

祖母は語る。

「高一の時、剛にはたくさん問題がありました。学校から連絡があって提案されたのは、母親のいる家ではなく、私の家に住まわせて通わせた方がいいんじゃないかということでした。母親に言うと、そうしてくれと頼まれたので、一月の半ばから剛を私の家に住まわせることにしたのです。

当時、私は朝五時から仕事に出ていましたし、家の中でやることもたくさんありました。なのに、剛は私との約束を守らず、遅刻ばかりくり返していた。それで、もう同居しても意味がないということで、二月には剛を再び実家に帰したのです」（剛が通っていたのは通学型の通信制高校だった）

祖母からも見放された剛は、支えてくれる者を完全に失った。実家にもどされて一カ月後の二〇一四年三月に、友人の比嘉からゲーム仲間として紹介されて親しくなったのが虎男だった。

剛は、虎男が自分と同じフィリピン人の母親を持つハーフだと知って親近感を抱いた。流行《はや》っていたゲームはもとより、『ラブライブ！』や『アカメが斬《き》る！』など女の子が主人公のアニメが好きという共通点もあり、話題も豊富だった。

剛は虎男と会っているうちに、グループの他のメンバーとも親しくなっていった。多くはゲームとアニメが大好きで、学校へ行っているかどうかわからないような者たちだったため、真夜中まで遊ぶのが普通だった。金がなくなれば、これまでやってきたようにみんなで万引きをするか、賽銭泥棒をする。

虎男は一歳下の剛を気に入り、「タメ語（タメ口）でいいよ」と言ってくれた。剛は「君呼び」ではなく、「虎男」と呼び捨てにして対等な付き合いをするようになったのである。

高校一年の終わりから夏にかけて、剛が虎男と急速に親しくなっていった背景には、家庭の事情がさらに複雑化していたことがあったのだろう。母親がまた別の男性との恋愛をはじめていたのである。友人の話では、今度の恋人はアメリカ人だったらしい。

高二のある日、彼女は子供たちのことを一切顧みずに、こう言い出した。

「来年、あの人と一緒になるから」

耳を疑った。

「私と彼は結婚して、アメリカに暮らす。いいね！」

子供たちの学校生活のことを無視して、母親は再婚してアメリカで新しい生活をはじめるというのである。

母親は剛に対して自分と一緒にアメリカへ来るかと訊《き》いてきた。剛は見知らぬ土地に行くのが嫌だった。すると、母親は剛を日本に置いて、新しい夫と妹と三人で渡米することを決めたという。

加藤は言う。

「剛は、アメリカに行くつもりはないって言ってました。だって、いきなり友人もいない、言葉も通じない国に行ったって不安なだけでしょ。それで『俺は行かねえ』って言ったみたい。そしたら、母親は『じゃあ、妹だけつれて行く』って言いだして、剛は置き去りにされることになったんですよ。あいつが投げやりになるのはわかりますね。それで生活とかも余計にむちゃくちゃになったんじゃないですか」

再婚の話が出る少し前、母親が恋愛に夢中になっている頃から、剛は頻繁に虎男のグループと行動をともにし、まるで自分の人生を捨てたかのように非行をくり返す。警察の補導記録に彼の名前がつらなるのはまさにこの時期だ。五月には窃盗事件で補導、六月にはトレーディングカードや自転車の窃盗など三件の事件を起こして捕まった。奈落の底へと転がりはじめていたのだ。

　比嘉は語る。

「剛は母ちゃんのことをガチで恨んでたよ。『ぶっ殺す』とか『クソむかつく』とかそんなことばかり言ってた。母ちゃん、ぜんぜん剛のこと考えてなかったから当然でしょ。俺だってむかつくよ。それでどんどん悪いことするようになったんじゃねえかな。

　マンションにはあんまり帰ってなかった。いろんなところを転々として、ばあちゃんの団地で寝かせてもらったり、友達の家に泊まったり、仕事先の寮を借りたりしてたね」

　剛には、虎男たち以外に頼れるような相手はいなかったのだろうか。彼は付き合っている「恋人」がいると周囲に話していたが、実際はＳＮＳを通して知り合った東北在住の女の子とネット上でやりとりをしているだけで、会って親交を深めることはほとんどなかったようだ。

　九月、剛は通信制の高校を中退した。友人によれば、すでに不登校になっていて学校側から再三注意を受けていた矢先に、校内での喫煙が見つかり、それを機に自主退学をしたのだという。将来の展望も見えず、家族からも捨てられたと感じていた彼は、学業をつづける意志を失っていたのかもしれない。

その後、彼は土木作業員の仕事などをしながら、余った時間はゲームやアニメに浸るか、虎男たちと悪事を働くかという生活をつづける。秋になって、ついに剛は家庭裁判所へ送られることになる。警察に職務質問を受けた際に乗っていたバイクが盗難車だと発覚して捕まったのだ。

この時は、バイクを盗んだ比嘉だけが少年鑑別所に送られることになり、剛は免れた。だが、彼には反省して非行から足を洗おうという気持ちはなかった。翌月には賽銭泥棒をしたことが見つかって逮捕。家庭裁判所の決定で、少年鑑別所への送致の命令が下されたのである。

同じ年、虎男も鉄パイプによる暴行事件で逮捕され、少年鑑別所へ送られた。もし彼らのどちらか一方でも保護観察ではなく、少年院に送致されていれば、事件が引き起こされることはなかったかもしれない。しかし、二人はそろって保護観察処分となり、社会にもどってきてしまう。

十二月の終わり、一足先に出所していた比嘉が虎男や剛に紹介した中学生。それが遼太だったのである。

暴走

話を虎男にもどしたい。

中学三年の頃、虎男は全日制の高校への進学を希望していた。将来に対する目標はこれといってなかったが、漠然と同級生たちと同じように全日制の学校へ行きたいと思っていたのだ。

ところが、虎男はこの高校受験で挫折《ざせつ》を体験することになる。全日制に合格できず、市内の定時制高校へ行くことになったのである。父親に言わせれば、予想していなかったことでかなり落胆したようだ。彼にとっては人生のレールから外れたことを意識せざるをえない出来事だったにちがいない。

この定時制高校は、一部の履修科目が選択制になっており、場合によっては日中の授業を受けることが可能なコースもあった。だが、彼は高校生活に対する興味を徐々に失って遅刻や欠席をくり返すようになる。昼くらいまで家で眠り、午後から友達と会って明け方まで遊び回るのが日常になった。

定時制高校特有の時間帯や校則の自由さが、そうした生活を可能にしていたのだろう。周りにいたメンバーも全日制の高校へ通っている者はほとんどおらず、定時制、通信制、バイト、あるいは遼太のような不登校の中学生だった。

　高校入学後、虎男は周囲に対してより一層激しく暴力をふるうようになった。髪を金色や銀色に染め、見ず知らずの人に対して唾《つば》を吐きかけたり、公園で刃物を振り回したりしはじめたのだ。エアガンで人や車、さらには鳩を狙《ねら》い撃ちして楽しんでいたこともあったらしい。

　粗暴な振る舞いを見せるようになった理由としては、中学時代のように不良グループからの抑圧がなくなったことが挙げられるだろう。ただ、それともう一つ、友人たちによれば、高校二年の時に星哉と出会った影響もあるという。

二人は同じK中学の出身で面識はあったが、中学時代はほとんど言葉を交わしたことがなく、高二でクラスが一緒になって初めて交友するようになった。彼らを結びつけた一つが飲酒の習慣だった。

　虎男は高校に入ってから酒を飲むことを覚えていた。父親は毎日のように晩酌していたし、母親もかつてホステスをしていた頃は飲酒の相手が仕事だった。幼い頃からアルコールが身近にあり、自然と手が伸びたにちがいない。

グループのメンバーは年下も多く、好んで飲酒をする者はそう多くはなかったが、星哉は同年代であり一緒に酒を酌み交わせる相手だった。呼べばたいてい来てくれる。それで二人は意気投合したようだ。

　星哉は虎男の仲間の中では珍しく、周囲から遠ざけられるほど凶悪な性格だった。不良グループに入るわけでもなく、いきがってケンカをするわけでもないのだが、ナイフを護身用だといって常に所持して夜の町を彷徨《さまよ》い、気に食わないことがあると相手かまわずに逆上して暴れだすタイプだったという。友人たちによれば、虎男は星哉と親しくする中で、どんどん感化されて自分でも護身用の刃物を所持するようになったそうだ。

　一体、星哉とは何者なのか。人となりについて調べると、霞《かすみ》がかかったようなところが多く実態をつかむのが難しい。同級生たちは一様に「やばい奴だけど、影が薄くてよくわからない」と口をそろえるのだ。

　同級生だった金藤は、星哉について次のように語る。

「星哉は中学の時から異常な感じでしたよ。ルールを守らないというより、人間として当たり前の関係が築けない感じ。いつも一人で目を光らせてフラフラしてむかついたことがあると襲ってくるみたいな。

　たとえば、学校の授業でサッカーをしてるじゃないですか。上手な奴が星哉をスルッとかわして笑ったとしますよね。そしたら、いきなりキレて相手につかみかかってボコボコに殴るっていう性格です。学校の先生に対しても、これをしろと指示されて、それが気に食わなかったのか、いきなり暴れたことがありました。

一言で表せば、全部思い通りにいくと考えてる奴。それがうまくいかなければ、キレて暴れまくる。しかも、暴力がえげつない。こんな感じだから、周りはみんな付き合いきれねえって感じで近づかなかった。

友達がいなかったのは、そのせいだと思いますよ。両親はそろっていて、兄貴もいたと思いますけど、全員あきらめて放っていたんじゃないですかね。それでどんどんヤバさがデカくなっていったんだと思います」

他にも、男女構わずに暴力をふるうとか、授業中に教諭から教科書を読むように言われたところ教諭の顔面をひっかいて逃げたなど、奇行の例は枚挙にいとまがない。
法廷で精神鑑定の結果が読み上げられた際、星哉の性格について次のような分析がなされた。

- ADHD（注意欠如多動性障害）の傾向がある。
- ペースを乱されると逆上する。
- 小学二年生の頃から自らの行動を優先し、人とぶつかるとケンカをするようになった。

•両親が養育に理解がなく、改善しようとしなかった。

•中学時代は腫《は》れ物に触るような扱いを受けた。

　もともと利己的で逆上しやすく、家族や同級生からも敬遠されたことで、ますますその傾向に拍車がかかったということだ。

　星哉に発達障害の一つである「ＡＤＨＤの傾向」があったことは、先の金藤の証言からもうかがえる。ＡＤＨＤの症状の中には、思い通りにいかないと乱暴になったりする「衝動性」と呼ばれる特徴が表れることがある。ごく稀《まれ》なケースではあるが、ＡＤＨＤの当事者は、加齢に伴って行為障害や反社会性人格障害を二次障害として抱え、思春期になってからそれが制限の利《き》かない暴力行為として表れることがあるのだ。同級生たちが、星哉に対して「キレると何をしでかすかわからないヤバい奴」という印象を抱いた背景には、そうしたことがあったとも考えられなくもない。（注・ＡＤＨＤの人全員にこの種の特徴があるというわけではない）

　友人によれば、虎男と星哉は週二、三回のペースで会って酒を飲んでいたようだ。星哉の親は放任主義で、マンションの部屋で酒を飲んでいても何も言われなかったし、近所の店では親のつけにして酒を注文することもできたという。虎男は星哉の家に遊びに行ったり、自分の家に招いたりするだけでなく、日中も日雇いのアルバイトを一緒にするなどして、親友のようにつるんでいた。

　虎男のツイッターには飲酒を示す文章や写真が頻出するが、そこには星哉の名前や写真が添えられていることも少なくない。酒を飲んでいる時の虎男のツイートである。

〈べろべろになったよ笑笑　今日仕事なのにーΣ（゜口゜lll）〉

〈＊＊ちゅん（※星哉のあだ名）と飲みなぅ*\(^o^)/*〉

〈呑《の》みなぅ*\(^o^)/*　みんないいかんじ！笑笑〉

〈飲みしてるけど、誰か来たい人いる～？？*\(^o^)/*　来たい人コチャよろ～〉

　虎男は星哉に一目置いていたらしい。他のメンバーたちに「星哉はすげえ怖え奴《やつ》だぞ。逆らったらカッターで切られる。でも、あいつの邪魔をしなけりゃフツーに付き合えるから」と語っていた。星哉の凶暴な性格を畏怖《いふ》する一方で、自分はそんな人間と付き合っているのだと自慢していたのだ。

　二人が遊んでいた時の様子を、黒澤は語る。

「星哉と虎男とは三人で飲んだことが何度かあるよ。チューハイとか、焼酎《しょうちゅう》のお茶割とか、何でも飲むんじゃね。星哉は酒好きだけどアニメはあんまり興味なかった。パッと見、星哉はキモイ感じの奴だよ。虎男の家でも何回か会ったけど、いつもあいつの部屋にあるグーフィーのぬいぐるみを赤ちゃんみたいに抱いてしゃべりかけてるんだよ。ぬいぐるみに対して『ねー、これから何する？』とか言ってる。

星哉は、俺に話しかける時もぬいぐるみを介して話してきた。グーフィーをこっちに向けて『何してんの？』とか訊いてきて、俺が『煙草吸ってんだよ』とか答える。それをガチでやるんだ。俺はキモイし嫌だったけど、あいつにとってはそれが普通なんだ。

部屋にあったぬいぐるみは、虎男の姉ちゃんがくれたもんみたい。他にプルートのぬいぐるみもあって、星哉が来ている時は虎男も同じようにプルートのぬいぐるみを抱いて話してた」

後に殺人事件を起こす高校生二人が、ディズニーのキャラクターのぬいぐるみを抱いて話す光景は、なんとも異様である。だが、それが彼らの幼稚な性格や独特な対人関係を表しているように思えなくもない。

虎男が粗暴な振る舞いをみせるようになったのはすでに述べたが、大きな暴力沙汰を起こすのは大抵飲酒をしている時だった。彼は酒癖が非常に悪く、酔うと誰彼かまわずに絡《から》んで攻撃性をむき出しにした。後輩、同級生、先輩など彼の周りでその姿を目撃していない者は皆無と言っても過言ではない。時には、居酒屋の店員や通行人にまでつっかかることがあった。

金藤は語る。

「仲間内では、虎男が酒を飲んで人が変わるってことは有名でした。そんなに強くないのにガンガン飲んでいるうちに、気持ちがデカくなるんです。それで盗みをしに行こうとか、誰々を襲撃しようなんて言いだす。

ヤバいのは、それを実行に移すところ。それか、周りにいる目下の人間にいら立ちをぶつける。日吉でカミソンをフルボッコにしたみたいに、顔面とか容赦なく蹴り入れたりする。割りばしとかマジで目に突き刺しそうな勢いで向けてきますからね。何回殴ってもやめようとしないし、相手が死ぬんじゃないかって思うまで三十分でも一時間でもやりつづけるんです。

それを知ってる奴らは、虎男が酔って文句とか言いはじめたら、あんまりかかわらないようにしてました。同い年とかでも、絡まれて面倒なことになるから、虎男とゲームはやっても、酒は付き合わない人とかいましたよ」

黒澤も、虎男の酒癖の悪さを指摘する。

「あいつ、酒飲むとマジ面倒臭いんです。酔うと誰に対しても絡みまくる。たとえば、川崎駅前のたまり場になっているＲっていう居酒屋に行くでしょ。ある日、俺が腹が痛くなってトイレにいたんだよ。虎男たちは会計して待ってた。そしたら虎男が待たされてることにキレて、トイレに入ってくるなりドアをぶっ壊して、『遅えんだよ！』つって殴りつけてきた。二コ上の俺に対してだよ。おかげでこの店は出禁になった。

　こんなんだから年下の奴にはもっとひどかった。むやみやたらに人を殴ったり、物をぶっ壊したりする。俺らも、できるだけ虎男とは飲みたくないと思ってたけど、夜になると誘ってくんだよね。カミソンとかも、面倒臭いって言ってたよ。カミソンは酒ほとんど飲まないし、年下で目の敵にされるから嫌だったんじゃないかな」

　虎男は未成年だったため、事件後の報道では虎男の暴力とアルコールの関係性についてほとんど語られてこなかった。だが、松本俊彦《としひこ》氏（国立精神・神経医療研究センター部長）は、事件の経緯からするにアルコールの影響が事件に一定の関与をした可能性を指摘している。ちなみに、暴力犯罪とアルコールの関係は深く、「傷害および殺人事件」の四〇～六〇パーセント、「強姦《ごうかん》事件」の三〇～七〇パーセント、「ＤＶ事件」の四〇～八〇パーセントにアルコールが関係しているという。（「毎日新聞」二〇一五年四月九日）

　虎男の飲む酒の種類は手当たり次第で、ビール、焼酎、サワーはむろん、ウイスキーやウォッカのようなアルコール度数の高い酒を飲むこともあった。
一度飲みはじめれば、いら立ちを募らせて爆発させる。逆に言えば、大なり小なりそれだけ多くのトラブルを事件までに引き起こしていたのだろう。事件で逮捕されるまで虎男が補導された回数は、計十三回を数える。中学時代は父親から門限を五時に定められるなど行動を厳しく規制されていたことから、その多くは高校に入ってからのものだと思われる。

　高校三年になり、星哉との付き合いが一年以上に及んだ時、虎男の周りにいるメンバーの顔触れは少し変わっていた。彼の酒癖の悪さについていけず、遠ざかっていく者が出てきていたのだ。逆に、剛のような新たなメンバーも加わっており、グループは次第に非行と暴力の色を強めていた。

　こうした中で虎男が酒に酔って起こしたのが、鉄パイプによる暴行事件だ。事件の顚末《てんまつ》を詳しく述べよう。

　二〇一四年六月の深夜、虎男はメンバー数人とともに居酒屋で酒を飲んで騒いでいた。いつも仲間内でやっているような飲み会だった。その中には、星哉の姿もあった。ひとしきり飲んだ後、彼らは別のところへ移ろうという話になり、会計を済ませて店を出た。

メンバーの一人が盗んだ原付に乗ってやってきたので、虎男は後ろに乗せろと言って座席にまたがった。その時、虎男はどこから持ってきたのか、一本の鉄パイプを握りしめていた。

運転席のメンバーがアクセルを回して出発すると、少し先に自転車をこいでいる五十代の男性の姿があった。すれちがおうとした瞬間、突然ガコッと鈍い音がし、男性が自転車ごと道端に倒れ込んだ。虎男が、鉄パイプで男性の後頭部をいきなり殴りつけたのだ。

虎男が叫んだ。

「行け！」

メンバーは命じられるままにアクセルを回してその場から逃げ去ったという。殴られた男性は病院に運ばれ、後頭部を十二針縫う大怪《おおけ》我《が》をし、警察に通報。虎男は警察に逮捕され、少年鑑別所へ送られることになったのである。

初公判の前日、「毎日新聞」（二〇一六年二月一日）が、被害者の男性にインタビューをして、記事にしている。

少年は２０１４年6月19日未明、川崎市川崎区内を走行中の原付きバイクの後部座席に乗り、自転車で帰宅途中だった男性の後頭部を鉄パイプで殴り、12針を縫う大けがをさせたとして検挙された。

半年後の14年12月、飲食店店長をしている被害者の男性の元に、見ず知らずの少年から手紙が届いた。「今回、きずつけてしまい申しわけございません」。２枚の便箋《びんせん》に１行おきに８行の文が書かれていた。「あの日自分は、よっていて、（略）やったあとになって、ざいあくかんがありました」「深くはんせいしています」

被害者が示談に応じれば、家庭裁判所が社会生活を送りながら更生させる処分を選択することがある。

男性に届いた手紙には「ちりょうひは払いたいとおもっています」という少年の言葉が記され、示談に関する弁護士の書面が添えられていた。

男性は「当たりどころが悪ければ死んでいたかもしれません。そうなっていた時のことを想像してみてください」と返事を書き、「これをきっかけに、社会人になって、人に迷惑をかけない人間ではなくて、人のため、社会のためになる人間になって」と伝えた。

少しでも責任を感じてもらおうと、約1年半の間、少年が自分で毎月1万円を支払う条件を付け、示談に応じることにした。15年1月、少年は両親とともに男性に会って直接謝罪し、二度と同じようなことをしないと約束した。男性を殴った理由は「酔っていてよく覚えていない」と話した。男性は手紙に書いた思いを改めて伝えて正式に示談し、高校を卒業するよう助言もした。

文面を見るかぎり、虎男は漢字を調べることすらせずに手紙を書いている。本人が反省して書いたというより、弁護士や家庭裁判所から促されたのではないか。また、酒に酔うと罪悪感を失い、記憶を忘れる質《たち》であることも読み取れる。

示談では治療費も含めて合計二十五万円を支払うことになった。ただ、虎男はアルバイトをしておらず貯金がなかったことから、家族で相談して最初に父親が十万円を支払い、残りの十五万円を虎男が十五回にわけて払うことにした。虎男は被害男性に謝罪した一月にも賽銭泥棒で多額の金を入手してゲームセンターで遊んだり、酒を飲んだりしていたにもかかわらず、裁判の時点で未《いま》だ完済していない。

この事件で、虎男は少年鑑別所へ送られ、保護観察処分が下された。保護観察処分を受けて社会にもどされる際には、一般遵守《じゅんしゅ》事項（全員が守るべき事項）と特別遵守事項（事件の内容や経緯によって個人に課せられる事項）という二つの取り決めがなされる。これらを破ると保護観察が取り消されて少年院送致などの処分が下されることもあるのだ。虎男の場合は、アルコールを飲んで事件を起こしたことから、特別遵守事項の一つとして、二十歳未満の未成年であるにもかかわらず「飲酒をしない」という項目が定められた。

おそらく虎男が人生を変えられるとしたら、保護観察処分を受けたこのタイミングだったはずだ。事件と向き合って反省し、周りの大人からの助言を受け入れて生活態度を改めれば、軌道修正は可能だった。

しかし、彼が生活態度を改めることはなかった。父親によれば、少年鑑別所へ送られて高校卒業が絶望的になったことで投げやりになっていたという。

父親は語る。

「鑑別所を出てから、今後どうするかということを息子と話し合いました。息子の答えは、『学校をつづけたい』でした。後日、学校の先生と話をしにいきましたが、鑑別所に入ったことから、学校側からは卒業は厳しいと言われた。それで、息子は卒業をあきらめ、就職についての相談をしてくるようになりました」

卒業が厳しいと言われたとしても、留年して一から学業に励めば卒業できたはずである。だが、虎男は下級生のクラスに入って学業をつづけることを拒み、かといって目標を持って社会に出て行くこともせず、それまでの「友達」のもとへもどっていった。

虎男は保護観察中であるにもかかわらず、逮捕前と同様の荒《すさ》んだ生活を送るようになる。母親の言葉である。

「約束（保護観察所の遵守事項など）を守るために日記を書くようになりました。息子の毎日の生活、何をしているのか、書いていきました。初めちゃんとしていましたが、だんだん起きなくなったし、夜に帰ってくるようになりました。私は『学校に行きなさい』『守らないと問題が起こるので守りなさい』『お母さん、信じているから』と言いました。息子はわかったと言いました」

しかし、虎男は態度を一向に改めようとはしなかった。

「私がお酒を飲んだのを知ったのは二回です。一回目は『何で飲んだの！』と注意したら、『先輩とちょっとだけ飲んだ』と言って、二回目は『友人と飲んだ』と言いました」

友人の話では、保護観察中もほぼ毎日飲んでいたという。母親が本当に飲酒の事実を二回しか認識していなかったとしたら、ずさんな管理しかしておらず、親としての監督責任を果たしていなかったと言わざるをえない。

保護者としての自覚が足りなかったのは父親も同様だった。彼は息子の管理を母親に任せきりにして、自分はまったくといっていいほど介入していなかった。それは父親が語る「（虎男が）酒を飲んだのは見たことがありません」「私はチェックしていません。仕事があってできませんでした」「（友人関係について）はっきりと確認していませんでした。息子を信じていました」といった言葉からもわかる。「信じていた」と語りながら、実際のところは「放任していた」のだ。

夫婦を知る近所の人物は言う。

「ここらへんじゃ、普通に十代の子が居酒屋に入り浸ったり、コンビニでお酒を買っていたりするのは珍しいことじゃありません。周りも何となく、それに慣れてしまっていて、チェックをしていないんです」

虎男をきちんと見守るシステムはなかったのか。

国の保護観察の制度では、保護観察官と保護司が更生の支援、指導をすることになっている。

保護観察官は、監督的な立場で少年の更生を見守る役割だ。全国五十カ所の保護観察所などに配置され、保護観察の実施計画を作成し、少年や家族と定期的な面接を行ったり、遵守事項を守って生活しているかを判断したりし、時には保護司への助言もする。

保護司の方は、保護観察官より少年に近いところで支援を行う。保護観察所と少年の間に立って、日常生活の相談、就労の手伝い、家族からの相談に対する助言などをするのだ。少年が一定期間（原則として二十歳まで。少年が十八歳以上の場合は二年ほど）問題を起こさなければ、保護観察が解かれる。

だが、この制度には未整備なところもある。最大の問題は人材不足だ。二〇一三年の統計によれば、日本では年間に約四万九千人の少年が保護観察処分を受けているが（成人を合わせると約八万五千人）、保護観察官は全国にわずか千人ほどしかおらず、一人が数十人の少年を担当しているのが現状だ。これではすべての少年の行動を把握して適切な指導をするのは難しいし、全国四万八千人いる保護司の把握や指導も容易ではない。

また、保護司が抱えている問題に関しては、その社会的立場が昔から議論されてきた。保護司は善意で成り立つ無償ボランティアであるため、大半が別に生業を持っているのだ。そのため、少年に向き合うだけの十分な時間がなかったり、対応に温度差が生じたりすることがある。

さらに保護司が異口同音に語るのは、今の少年たちと信頼関係を持って結びつくことの難しさである。少年たちは一時代前の非行少年とはちがい、仲間とはＳＮＳでつながっていて会話から遊びまでほぼすべてそこで完結してしまう。

虎男たちも、共通の趣味はゲームやアニメなど。非行といっても、自宅で酒を飲んで、酔った勢いでメンバーに暴力をふるったり、深夜に暗がりの中で賽銭泥棒をしたりしていれば、その事実が表出することは少ない。また、保護司の高齢化が顕著で、ＳＮＳを主体にする人間関係についていけないばかりか、地域の人と一緒に見守りを行うことが難しくなっている。虎男が保護観察中だったにもかかわらず、「野放し」の状態になっていたのはそうした背景もあるだろう。

この結果、起こるべくして起きたのが、一月十七日未明の日吉事件だった。裁判で虎男はこの時の飲酒量を「五百ミリリットルの缶ビールを二本」と発言したが、第一章でみたように現場にいた友人の話はまったく異なる。深夜の竹林でウォッカを含む大量の酒を飲み、周囲が介入をためらうほど酔って暴力的になっていたのだ。その犠牲となったのが、一番年下の遼太と中学三年の中村だったのである。

両親は特別遵守事項の内容を知りつつ、なぜ日吉での事件を止められなかったのか。

母親は語る。

「その夜は、家に帰ってきませんでした。それで『何やってる？　お母さん寝るよ』と連絡しました。息子は『友達といる』と言ってきたので、『お母さん寝るよ。早く帰って来なさい』とつたえて、薬を飲んで寝ました。朝の九時くらいに起きたら、息子は家で寝ていました。それで帰って来たんだと思っていました」

この夜の母親と子供のコミュニケーションも携帯でしかつながっていない。だとすれば、母親が息子の非行を知る術《すべ》はない。保護司においてはなおさらだ。

こうして日吉事件が発端となり、虎男は事件へと突き進むことになる。吉岡兄弟が遼太への暴行の事実を知って虎男を脅迫しはじめるのである。

事件の起こる三週間ほど前から、虎男は高校へ行かなくなっていた。この時期の虎男は、様々な問題に追い詰められているような気持ちになっていたはずだ。保護観察、示談金の支払い、高校中退、吉岡兄弟からの恐喝……。身から出た錆《さび》とはいえ、自分でもどうしていいかわからず自暴自棄になっていただろう。

客観的に考えれば、虎男は親や保護司の力を借りて一つひとつ解決していくしかなかった。だが、彼はそうしようとは考えなかった。毎日のように酒を飲んで、鬱憤《うっぷん》を晴らすことで現実から目をそらしていたのだ。その無思慮な行動が最悪の結果を招くことになる。

事件の直前も、虎男は数時間にわたってマンションと中華料理店でアルコールを摂取していた。それは彼の内面に潜んでいる凶暴性を覚醒《かくせい》させるに十分な量だっただろう。そしてそれが、多摩川の河川敷へ行った後、カッターによる殺害を後押しすることになったのだ。

判決

二〇一六年二月二日から、横浜地裁ではじまった虎男の公判は、三日間審理が行われることになった。裁判長は近藤宏子《ひろこ》。これまで愛知県で起きた名古屋闇《やみ》サイト殺人事件など数々の重大事件の裁判を手掛けてきた人物だ。

連日大勢のマスコミが押しかけ、法廷での発言が即座に速報として流される中、裁判は粛々と進められていった。虎男は首をがっくりと垂れ、裁判長に声が小さいことを度々注意されながら、聞かれたことについては最低限の言葉で淡々と答えていた。

公判の被告人質問や証人尋問が終了した後、検察が論告求刑を行った。検察は事件の重大さについて「少年犯罪の中でも特に残虐《ざんぎゃく》性が高く悪質」と指摘し、懲役十年以上〜十五年以下の不定期刑を求めた。これは少年法が規定する不定期刑としてはもっとも重い罪である。

被害者参加制度を利用して公判に出席した善明と雅子も、それぞれ弁護士を通して思いのたけをぶつけた。双方が求めたのは、無期懲役だった。善明は極刑を望んでいたものの、現実的には難しいとの判断からそれを選んだのである。

こうした求刑に対して、虎男の弁護側はもう少し軽い量刑が相当だと主張した。今回の事件は初めから殺意をもって行われたのではなく、「カッターが差し出される偶然から起きた事件」であり、父親が虎男との接し方を改善して支える覚悟を持っていること、家庭が受け皿として機能すること、家族の支援のもとでは更生の可能性があることなどを挙げて、五年以上〜十年以下の不定期刑を求めた。

二月十日が判決の日だった。裁判長は虎男に向かってこう述べた。

「被告人は殺意が生じて以降一貫して被害者を殺害するほかないと考え、その生命を奪うまで共犯者を巻き込みながら攻撃をし続けたのであるから、殺意が弱かったとか、殺害を逡巡《しゅんじゅん》していたなどと評価することはできず、悪質性は減じられない。（中略）

本件は、被告人の怒りを発端とした犯行であり、被告人が共犯者らに指示をして暴行を行わせ、被告人自らが致命傷となる頸部《けいぶ》への切り付けを行っているのであって、被告人に犯行の主導者として最も重い責任があることは明らかである。（中略）

被告人自身が被害者の頬を切り付けたことから、今度は報復や逮捕等を恐れて被害者を殺害するほかないと突発的に考えたというのは、通常では到底考え難いほどに、極めて自己中心的、短絡的な発想であって、強い非難に値する」

そして次の判決を下したのである。

懲役九年以上～十三年以下

三月二日からは、剛の公判が幕を開けた。

法廷に現れた剛は、白襟のシャツに紺色のセーターを着ていた。首のあたりの肉がこけてやつれているだけでなく、短く刈った髪には十代にもかかわらず白髪がまじっている。逮捕から一年、心身ともに疲弊しているのが見て取れた。

三日間の審理が行われた後、検察官の論告求刑が行われた。検察官が求めたのは、四年以上～八年以下の懲役刑だった。虎男の強い指示によって暴行に加わったことは認めつつ、虎男がいたのを知っていて遼太を呼び出したこと、虎男の怒りが自分に向くのを恐れて保身のために遼太を見捨てたことを重要視して罪は重いとしたのである。

善明と雅子も、剛に対して「可能なかぎり重い刑」を求めた。

一方、弁護士は大きく二つの理由から寛大な判決を求めた。

第一が、剛も虎男の被害者の一人であるという見方である。剛は遼太の殺害に積極的に加わる動機がなく、一時は現場から離れている。にもかかわらず、虎男によって呼びもどされて暴行に加わるように強いられたことからすれば、自発的な暴行とはいえない。つまり、事件全体の凶悪性、悪質性は明らかだが、剛自身は積極的にかかわったとまでは言えないというのである。

第二に挙げられたのが、彼の劣悪な生育環境が及ぼした影響の大きさだ。複雑な家庭環境で育ったことによって、彼は傷つくのを避けるために、目の前の状況をそのまま受け入れる性格になった。結果としてそれが遼太を呼び出し、暴行のきっかけをつくったことを踏まえれば、剛にすべての責任を負わせるべきではないとした。

これらを理由に弁護士は、剛を少年刑務所へ送って刑罰を受けさせるのではなく、むしろ育て直しを行う少年院に送るのが妥当ではないかと訴えた。そして家庭裁判所への移送（家庭裁判所で改めて審理して処遇を決めること）を求めたのである。

裁判長は、剛の生い立ちに多少の理解は示して次のように述べた。

「被告人の成育歴には不遇な面があり、このため、被告人は、家庭に居場所がなく、不良交遊に居場所を求め、しかも、成育歴の影響を受けたために、性格的には、状況判断が甘く、想像力や感受性が乏しく、成り行きに任せて物事を気楽に考え、危機を感じても問題解決に向けて行動をするよりも無力感を感じて逃避的になるといった傾向のあることが認められる。被告人が本件犯行に及んだことや、被害者を助けようとしなかったことについては、これらの成育歴に由来する被告人の性格傾向が相当程度影響しており、この点は被告人に対する責任非難を減少させる事情である」

しかしながら次のようにもつづけた。

「被告人が自ら本件犯行の契機を作出した責任が大きい上に、被告人が被害者に加えた暴行も、力はあまり入っていなかったとはいうものの、頸部を三回切り付けるという危険性、悪質性の高いものであることなどに照らせば、被告人について、その凶悪性、悪質性を大きく減じて保護処分を許容し得るまでの『特段の事情』があるということはできない」

こうして下された判決は次だった。

懲役四年以上～六年六カ月以下

判決が言い渡された後、虎男も剛も控訴《こうそ》することなく罪を受け入れ、少年刑務所で刑に服すことを選んだ。二人に費やした裁判の日数は九日間。それは事件の凄惨《せいさん》さに比べれば、あまりにあっけない幕切れだった。

二つの裁判が幕を閉じた後、横浜地裁を後にした私の胸にはまだ納得のできない気持ちがあった。百歩譲って、虎男と剛が罪を認めて罰を受け入れたのはいいとしても、事件が起きた原因を彼らの責任だけにして済ませられるものなのだろうか。

私の胸に引っかかっていたのは、虎男と剛が保護観察中に事件を起こしたという点だ。

法務省は、少年院での生活を「施設内処遇」と呼ぶ一方で、保護観察は社会の中で更生を行う「社会内処遇」と定義づけている。矯正施設の中で行うか、社会の中で行うかのちがいはあれど、国がきちんと少年を監督、支援、指導する責任はあったはずなのだ。にもかかわらず、虎男の裁判でも、剛の裁判でも、保護観察官や保護司が彼らの非行を止めることができなかったことの責任問題は話題に上ることすらなかった。

事件を防げなかったことを、関係者はどのように受け止めているのだろうか。この後、私は二度にわたって川崎市を管轄《かんかつ》している横浜保護観察所へ取材の申し込みをした。一回目は事件についての見解を聞きたいと依頼し、二回目は保護観察制度についての見解を知りたいと依頼した。

横浜保護観察所は、それらをすべて断った。回答を要約すれば次の通りである。

「プライバシー保護の観点から、一切の取材を受けることはできません。保護観察制度全般に対する質問についても、事件の文脈で聞きたいということであれば、取材はお断りいたします」

保護観察官や保護司個人の責任問題を問うつもりはなかった。にもかかわらず、一言も見解を出してもらえなかったのである。

善明は、弁護士から聞いた話として次のように述べていた。

「事件の責任の一端は、少年たちを放っておいた保護観察官にもあるはずです。でも、それはマスコミも司法も言及しようとしない。噂《うわさ》ですが、彼らの中では保護観察官の責任問題について言及することはタブーになっているようです」

司法の壁の高さを感じずにいられなかった。

すでに述べたように、成人も含めれば保護観察処分を受けて社会に出てくる人の数は、年間で約八万五千人。少年にかぎっても、その数は約四万九千人に上るのだ。そうした人々を虎男や剛のように「野放し」にせず、きちんと指導するには、実際に起きてしまった事案と向き合ってきちんと検討し、保護観察の制度がかかえている問題を一つひとつ解決していく必要があるはずではないか。

だが、保護観察所の扉は固く閉ざされたままだ。

こうして虎男たちは司法のセーフティーネットにも引っかかることなく、さらなる奈落へと転がり落ちていったのである。

全面否認

二人から遅れること二カ月後の五月十九日、横浜地裁で加害少年三人目の星哉の初公判が開かれた。罪名は傷害致死。これまで同様、三名の裁判官と六名の裁判員によって審理がなされた。

午前十時、裁判がはじまり、星哉は白いシャツを着て、被告人の中でただ一人髪を伸ばして現れた。髪はまるで遊びに出かけるかのように整髪料によって横にウェーブしセットされていた。短髪に刈って黒っぽい服で現れた虎男や剛とは、法廷に臨む態度がまったくちがった。

傍聴席には、これまでとちがって倦怠感《けんたいかん》のようなものが立ち込めていた。すでに二人の裁判が終わって大方のことが明らかになっていたことから、新たな事実が出る余地がないと思われていたのだ。

公訴事実の確認が行われた時、傍聴席にすわっていた人々は、星哉の一言によって鈍器で殴られたような衝撃を受けた。裁判長に検察の公訴事実の真否を問われ、星哉はふてぶてしい口調で言い放ったのだ。

「(公訴事実とは)ちがいます。上村君に対して殺意はありませんでした。首を切りつけたり、頭を打ちつけたりしていません」

検察側の起訴内容を、全面否認したのである。

弁護側も次のように支持した。

「無罪を主張します」

傍聴席にいた私は耳を疑った。虎男と剛は起訴事実をほぼ全面的に認めて控訴すらせずに罪を受け入れた。星哉だけがそれを真っ向から否定し、無実だと言い張ることはできるのだろうか。

記者席にすわる記者たちも同じことを思ったのだろう、一瞬の間があってから立ち上がり、法廷を駆け出していく。数十分後には、「少年C 無罪を主張」という見出しの記事がメディアに躍った。ざわつきの収まらない法廷で、こうして星哉の裁判が幕を開けたのである。

裁判での星哉は証言台にすわり、ぞっとするほど感情のこもっていない口調で語る少年だった。口数は少なく、時折体を揺さぶるように動かして、どんな質問に対してもセリフの棒読みのような言い方で答える。

彼が否認した上で示した事実関係はおおよそ次の通りだ。

1、遼太のことは一回見ただけで知らない。

2、カッターを手渡した記憶はない。

3、河川敷での暴行に加わっていない。

暴行のために河川敷へ行くことも知らずについていっただけで、遼太が暴行されている最中は何もせずに傍にいただけと主張したのである。

裁判がはじまったばかりの頃、あまりに星哉が平然と言い切るので、彼の証言の方が正しいのではないかと思いかけた。だが、よくよく聞いてみると、つじつまの合わない点がいくつも浮上してきた。

星哉は前後の状況から考えて矛盾することを平気で述べたり、検察の主張を覆《くつがえ》す証拠を出すことなく、「知らないっす」「やってない」「覚えてないっす」と言って否定したりしているだけなのだ。証言をすればするほど、無実という名のメッキがはがれ落ちて、星哉の冷酷な素性があらわになっていくようだった。

傍聴席にいた人たちも同じことを思ったのだろう。星哉や弁護士が発言する度に、あきれ返ったようなため息が漏れ、次第に傍聴席には空席が目立つようになっていった。

法廷で星哉はどのような主張をし、それがいかに信憑性《しんぴょうせい》に欠けていたのか。特に重要な先述の三点について一つずつ考えてみたい。

一つ目が、星哉が遼太と面識がほとんどなかったという点だ。これについて彼は次のように証言した。

「虎男とは中学高校が同じで、高二から遊ぶようになりました。剛とはこれまで二、三回会っただけで、携帯もＬＩＮＥも知りません。上村君とは一回会っただけです。虎男がつれてきたので見かけました。上村君の名前は知りませんでしたし、『カミソン』というあだ名は事件後にテレビで知りました。日吉事件とか、他のトラブルも聞いていません。それらを知ったのは、事件で逮捕されてからです」

遼太に関しては一度見かけただけで名前すら知らなかったというのだ。

だが、虎男は自身の公判ではっきりと事件の数日前に紹介したと語っており、名前を言わなかったことは考えにくい。

また、事件を起こす直前、中華料理店で虎男と剛が遼太を呼ぶかどうかの話し合いをしているし、若宮八幡宮や河川敷で虎男が腹を立てている理由を遼太に向かって語っている。傍にいた星哉がまったく聞いておらず、事情を知らずに殺害現場にいつづけたというのは不自然だ。

二つ目が、星哉がカッターを虎男に手渡した覚えがないという点である。これに関する星哉の主張は次の通りだ。

「（事件現場に行く際）僕のカバンは虎男が持っていて、カッターはその中に入っていました。虎男はバッグにカッターがあるのを知っていました。マンションで話をしていた時、仕事の相談をされて、僕がバッグにカッターが入っていると話したからです。僕が『見る？』と訊《き》いたら、『いい、大丈夫』と言われました。

河川敷に着いてから、虎男が先に上村君をつれて川の方へ行きました。僕が行ってみると、上村君は全裸になって仰向けになっていて、その後虎男がカッターで彼の頬を切りました。それから、護岸斜面の横の草地に移って、彼からカッターを差し出されました。形や色を見て初めて自分のカッターだとわかったのです」

虎男はバッグにカッターが入っていたのを知らなかったと証言しているし、その場にいた剛も星哉の言う会話は一切聞いた記憶がないと答えている。途中の防犯カメラには、虎男がバッグを持っているところが映し出されているが、河川敷に移動する間、遼太の肩に腕を回したり、殴ったりしており、最後まで持っていたかは定かではない。

さらに暴行がはじまった後、虎男はカッターを手に取って何度か切りつけたものの、「自分じゃ殺せない」と思って剛を呼びもどして手伝わせた。結果としてそれが四十三回の傷になったのだ。そう考えると、自分からしたのではなく、星哉にカッターをわたされたと考える方が自然だろう。

最後が、星哉が暴行に加担しなかったと主張する点だ。彼はこう語った。

「(虎男がカッターで遼太を切っている間)僕は護岸斜面の上のコンクリートの部分にすわってその様子を見ていました。止めなかったのは、昔同じことをしていた時に間に入ってもやめなかったからです。何か言って自分が切られても嫌だとも思いました。

後になって、剛がやってきて、虎男がやれと命令していました。剛は『捕まっちゃう』『外国に帰れなくなる』と嫌がっていましたが、虎男が『やんなきゃお前をやるぞ』みたいな感じでカッターを顔に向けた。ただ、その時は彼が持っているのがカッターだとはわかりませんでした。それがきっかけになって、剛もカッターで切りはじめました」

虎男と剛が二人で暴行をしていたというのである。では、その間、星哉は隣で何をしていたのか。

「川で上村君を泳がせてから、虎男たちはよりつよく切りつけていました。僕はずっと同じところにすわって携帯をしたりしていました。だから全部見ていたわけじゃありません。虎男からは『おい、星哉もやって』と言われました。僕は『自分はできない。無理』と言ったのですが聞いてくれないので、いったん立ち上がってコケるふりをしました。酔ってなかったけど、やりたくなかったので、コケるくらい酔っているように見せかけたんです。

　虎男はそれを見てあきらめたようです。僕が元のところにすわると、彼はまた自分で切りはじめました。僕はそれを見ていたり、携帯をしていたりしました。上村君の頭を護岸斜面のコンクリートに打ち付けたという証言もありますが、僕はそんなことはしていません」

　虎男は、星哉もカッターを受け取って遼太を切ったと明確に証言している。護岸斜面への打ち付けについても認めており、遼太の遺体の額には固い物にぶつかったような痕《あと》が残っているのが検案で明らかになった。

　剛はコンビニへ行っていたため、直接星哉がカッターで遼太を切っているのを目撃していないものの、「(星哉が)カッターを受け取ったと思っていました」と述べ、護岸斜面のことについては「護岸斜面に遼太の頭を叩《たた》きつけているのは見ました。虎男がすわって見ていて、星哉が叩きつけていました」と語っている。

これだけ凄惨な殺人が起きた中で、星哉だけが何もせずに平然と携帯をいじっていたと言われて簡単にうなずける人はいないだろう。検察官ばかりでなく、裁判官や裁判員たちも同じように考えていたらしく、被告人質問の際に事実関係をくり返し問いただしたが、星哉は開き直ったように同じ主張をくり返した。彼の証言が無責任で曖《あい》昧《まい》であることをつたえるために、一部をそのままの形で引用する。

——なぜ暴行がはじまったのか知っていますか。

「知りません」

——止めようとは思わなかったのですか。

「思ったけどできなかった」

——逃げようとは思わなかった？

「（家に帰る時に虎男の自転車で）送ってくれる（約束になっていた）ので、その時は思わなかったんじゃないですか」

——暴行をしている時に、君は携帯電話をいじっていたと言っていました。その時間があるのなら、通報できたのでは？

「その時はそこまで考えていませんでした」

——じゃあ、虎男が嘘《うそ》の証言をしている、と。その理由はなぜですか。

「自分を巻き込みたいんじゃないですか」

——虎男は君を恨んでいた？

「わからない」

——じゃあ、なぜ？

「巻き込みたいんじゃないですか」

——理由は？

「特に思いつかない」

——剛も君がやったと証言しています。

「剛のことはよく知らないし、よくわからないです」

これだけでも星哉の不誠実さはつたわると思うが、信じがたいのは現場にいた理由である。河川敷から自宅マンションまでは徒歩十五分ほどにもかかわらず、彼は現場にいつづけ、さらに公園で遼太の服を焼くところまで付き合ったのは、虎男に自転車で家まで送ってもらうためだったと言い放ったのだ。

証言台の真横にある席で、善明と雅子は怒りに唇を震わせて星哉を睨《にら》みつけていた。わが子を殺しておいて事件に向き合おうともしない少年の姿に殺意すら湧《わ》いているような眼差しだった。星哉はそれに気がつきながら、平然と白《しら》を切るだけでなく、時には遺族や検察官を嘲《あざけ》るようにニタニタと笑ってみせた。

たとえば、検察官から事件についての感想を訊かれたことがあった。普通ならば、被告人が事件を思い出して反省を示すところである。だが、星哉は薄笑いを浮かべながらこう語ったのだ。

――事件後は後悔した？

「考えないようにしてました」

――なぜ？

「考えたくなかったから」

――後悔を遺族につたえようとしたことは？

「なかったです」

――虎男や剛に対してはどんな気持ち？

「虎男に対しては嘘をつかないでほしいと思います。剛に対しては剛のことをわからないからいいです」

目の前で、中学一年生の男子生徒が全裸でおびただしい血を流して死んでいった。それを「考えたくなかったから、考えなかった」と言って済まそうとするのだ。私は傍聴席の最前列の端の席にすわっていたため、斜め後ろからでも彼が薄気味悪い笑みを浮かべているのが見て取れた。その冷淡な態度に怖気《おぞけ》をふるうと同時に、私の脳裏によぎったのは、精神鑑定にあった「ADHDの傾向がある」という言葉だった。

先述したように、精神医学の研究ではADHDは二次障害として行為障害などを生むことがあるとされている。これらには「罪悪感が抱けない」「他人の気持ちがわからない」といった特徴があり、まったく罪の意識を持たずに虚言を口にしたり、反社会的行為に及んだりするケースもある。

個人的には、犯罪者に発達障害や精神疾患のレッテルを貼《は》り付けて、事件を捉《とら》えることには否定的だ。犯罪が起きる背景には、それ以外の要素が多数あるからだ。だが、星哉の冷徹な言葉や挙動を目《ま》の当たりにしているうちに、ADHDが直接の要因とは言えなくても、何がしかの病理に理由を求めなければ自分を納得させることができなくなったのである。

六月三日、すべての審理が終わり、判決が下されることになった。裁判官は主に次の理由から、星哉の証言が信用に値しないと判断した。

・虎男と剛は自分に不利な証言もした上で罪を認めて刑に服しており、今更嘘をついて星哉を巻き込む理由が見当たらない。
・虎男と剛の証言の方が、星哉より具体的で証拠とも矛盾しない。
・星哉の供述内容は不自然かつ不合理な点が多く、信用性が低い。

こうして星哉の主張を退け、「凶器を手渡すことで犯行をエスカレートさせる契機をつくり、果たした役割は大きい」「未《いま》だに自らの行為に向き合うことすらできていない」として求刑通りの判決を下した。

懲役六年以上～十年以下

この判決によって、加害少年三人の裁判は幕を閉じたものと思われた。だが、これで終わることはなかった。判決が出た十二日後に、星哉は地裁での判決を不服として、控訴したのである。この期《ご》に及んで、まだ無罪を主張しつづけたのだ。

十月十一日、今度は霞が関の東京高等裁判所で、第二審が開かれた。善明も仕事を休んで西ノ島から駆けつけ、雅子も父親や長男をともなって裁判に参加した。一審で主張を退けられていたことから、星哉がどんな新たな証拠を出すのかに注目が集まった。

開廷して、私はさらに星哉の行動に驚かされる。法廷に、星哉自身が現われなかったのである。被告人側の参加者は、弁護士のみ。弁護士が法廷で淡々と語ったのは、一審と同じ無実の主張であり、新しい証拠は一つもなかった。ただ口先だけで、虎男と剛の証言は嘘であり、無罪を主張すると語ったのみだったのだ。

第二審は午前中の一時間余りで終了し、次回十一月八日には判決が下されることとなった。何も証拠が提出されなかった以上、裁判官は一審の判決が妥当かどうかを検討することしかできない。

判決の日、裁判長は「（被告人がほかの少年と共謀して暴行を加えたと認定した一審判決に）不合理な点はない」と認め、一審の判決を支持した。

星哉はこの判決も不服として最高裁判所に上告した。徹底的に争う構えだったのである。だが、最高裁は上告を棄却。事件から約二年が経《た》った二〇一七年一月二十五日、ようやく一審判決通りの不定期刑が確定することになった。

携帯電話のせい

東京高等裁判所での判決が言い渡された日の午後、私は裁判所を出て日比谷公園を通って銀座方面に向かって歩いていた。公園の木々は所々紅《あか》く染まり、秋晴れの気持ちのいい陽射《ひざ》しが照りつけている。小鳥のさえずりもあちらこちらから聞こえてくる。

この日、私は銀座のとある喫茶店で、善明と会ってインタビューをすることになっていた。高裁での裁判が終わった今、彼は遼太の父親として何を思っているのか。そのことを訊こうと、西ノ島へ帰る前に時間を取ってもらったのである。

昼食時ということもあって、公園にはスーツ姿のビジネスマンたちがゆっくりしている光景があった。だが、私は胸に溜《た》まる後味の悪さを感じながら、口を閉ざして歩くことしかできなかった。

裁判で明らかになった星哉の不誠実さに不愉快な気持ちになったのはもちろんだが、同時に、裁判で垣間見《かいまみ》た遺族同士の感情の衝突が気にかかっていた。公判では、判決が下される前、意見陳述といって被害者の家族が加害者や裁判官に意見を述べる時間があった。これまで行われた意見陳述の中で、雅子は別れた夫である善明に対する批判ともとれる言葉を口にしたのだ。

（遼太は）中学に入り、バスケ部に所属しました。元夫が携帯を買い与えてから、深夜まで友人とやりとりするようになりました。夏休み頃から家に帰らなくなりました。私は早番や残業ですれ違いの生活。夜帰って来ないので携帯に電話をかけても出ず、警察に捜索願を出さないと、と思っていたら、息子が帰ってきました。

（※傍点著者）

雅子と善明は法廷でアコーディオン式の衝立《ついたて》を挟んですわっていた。にもかかわらず、彼女は西ノ島の小学校時代の遼太との楽しい思い出を述べた後、善明が携帯電話を買い与えたことがきっかけで、中学になって夜遊びをするようになったと訴えるように語ったのである。

傍聴席にいた女性は、こう感想を漏らした。

「お母さんのあの発言は、元夫が携帯を買ったから遼太が非行に走ったと言っているように聞こえました。どうしてあんな場所で、元夫を責めるような言い方をするんだろうって思いましたね。しかも、自分が恋人と同棲して遼太君に目を配れなかったことを棚上げして。遮蔽《しゃへい》で仕切られた状況での発言だったので、遺族が身内同士で傷つけ合っているような気がして残念でした」

中学一年で携帯電話を持つことは珍しいことではない。むしろ、それがあったことで雅子は遼太と連絡を取り合うことができたという見方もできる。それなのに、意見陳述で善明の責任を問うような言い方をしたのである。

私はその言葉が胸に残り、何ともやるせない気持ちになった。なぜ最愛の息子を殺されて悲しみのどん底にいる元夫婦が、お互いを攻撃し合わなければならないのか。

雅子とて望んで法廷の場で善明を批判したかったわけではなかっただろう。離婚にいたった経緯、事件による精神的な混乱、どうしていいかわからない感情、そうしたものが絡み合ってああいう発言を生んでしまったにちがいない。

そういう意味では、彼女は批判される対象ではなく、やはり被害者として憐《あわ》れまれるべき存在なのだ。私は、つくづく残忍な事件が遺族に与えた悲劇の大きさを感じずにいられなかった。

名誉のために付け加えておけば、雅子は意見陳述で善明への批判を述べただけではなかった。涙声を絞り出すようにしてもっとも多く語ったのは、遼太への熱い愛情であり、それは傍聴席にいた人々の涙腺《るいせん》を刺激せずにはいられなかった。一部を引用すれば次のようなものだ。

息子に何があったのか、すべて知らなければならないという覚悟で、（家庭裁判所の）少年審判を傍聴しましたが、十三歳の子供を傷つけた内容はとても人のすることではない。聞くに堪えられませんでした。

息子のどこにどのような傷があったのか、私たちは初公判まで知りませんでした。首、腕、足、体のいたるところにある傷は言葉では言い表せないほどで、いつも笑っていた息子は残忍な目に遭わされました。

犯人への怒りよりも、息子がどんなに苦しかったか、どんなにつらかったか、どんなに怖かったかと思うと、とても苦しいです。

犯人を許すことはできません。くだらない理由で、五歳も年下の息子にひどいことをし、なぜ止めないのか。なぜ助けてくれないのか。

なんで、なんで、ばかり浮かんできます。

二月の寒い夜中に川で泳がされたと知りました。息子は自分で服を脱いだといいます。

家に帰ってきて服が濡《ぬ》れていたら、私に怒られると思っていたのかな。そう思うと、本当につらく、胸がしめつけられます。

川で泳がせた時、「溺《おぼ》れて死んでしまえばいいと思った」と話していましたが、息子を放置した三人は、本当に人間とは思えません。三人が逃げた後、息子は二十三・五メートル、草むらまで移動したといいます。

二月の夜中、寒い中で携帯を捨てられ、助けも呼べず、着替えも持ち去られ、それでも必死に家に帰ろうとしたのだと思うと、どんなに怖かったろう。「母さん助けて」と言ってたろう。

息子の絶望感、恐怖感を受け止めることができず、自分が生きていることも許せません。息子のいないつらさ、どうしたらいいかわかりません。

(中略)

息子のいない人生が、楽しいはずがありません。息子がいなくなった日は、末っ子の誕生日。来る度に悲しい思い出になり、迎える度に、こんな悲しい思いをしなければならないのか。子供たちも本当につらい。この先も許すことはできません。

息子が受けた怖さ、痛み、すべての苦しみを犯人に味わわせたい。どんな判決が出ても満足も納得もしないでしょう。

犯人たちに言いたいのは一言だけです。

「息子を返してほしい」ということです。

（虎男の公判での意見陳述）

傍聴席の私の隣にすわっていた女性は、この言葉を聞いて肩を震わせて嗚咽《おえつ》していた。年齢はおそらく四十代。もしかしたら遼太とさほどかわらない年齢の子供がいたのかもしれない。意見陳述が読み終えられた後も、彼女は一人ハンカチで口を覆《おお》い、下を向いてしゃくり上げていた。

私は、事件の後、雅子はどれだけ全身を震わせて涙を流したことだろうと思った。いくら声を上げて泣いたところで、涙が涸《か》れるわけではない。これから一生にわたって遼太のことを思い出し、カッターで四十三回切られた痛みを思い、救えなかった自分の至らなさを責め、遼太に謝りつづけることになるのだ。それが殺人事件の遺族として生きていくということなのだ。

虎男、剛、星哉の三人は、どこまでそれを理解しているのだろうか。どうやって罪滅ぼしをするつもりなのか。

判決の通りにいけば、三人は次の年齢で社会に出てくることになる。

虎男　二十八歳～三十二歳

剛　二十二歳～二十四歳

星哉　二十五歳～二十九歳

第五章　遺族

インタビュー

銀座のとあるビルに、会議用の個室を貸しているカフェがある。二〇一六年十一月八日、その一室で、私は長いテーブルを挟んで善明と向かい合っていた。

静まり返った室内で、善明はコーヒーに口をつけようともせず、険しい表情で膝《ひざ》を握りしめている。東京高裁から直接来たため、スーツにネクタイといった格好のままだ。仕事を休んで西ノ島から裁判に参加したのに、星哉側が何一つ新しい証拠を出さずに無罪だけを主張したことに憤懣《ふんまん》やる方ない思いを抱いているのだろう。

ふり返れば、これまで何度も長時間のインタビューをしてきたが、善明が厳しい表情を崩したことは一度もなかった。彼と初めて言葉を交わしたのは、半年前の初夏のことだ。善明がマスコミの取材を拒否していることは知っていたが、なんとか話を聞けないかと思い、無理を承知で西ノ島へ赴いたのだ。

私はある人物を介し、島の食堂で善明と会うことができた。他に客のいない店内で、善明は一人昼食のどんぶりを食べていた。これから仕事の漁に出なければならないのだという。私はわずかな時間の中で事件への思いを打ち明けて、日を改めてインタビューを受けてくれないかと頼んだ。

それから半年間、私は数カ月おきにインタビューを重ねていった。これまで記した家族のことは善明から聞いた話が軸になっている。

星哉の裁判が幕を閉じた時点で、メディアが事件を報じることはほとんどなくなるはずだ。だが、遺族にとって裁判は通過点の一つでしかないし、事件を背負って生きていくという意味においてははじまりなのだ。それゆえ、私は高裁の判決が出た時点で、善明に今の思いを改めて聞いておきたいと思ったのである。

テーブルを挟んで私が質問を投げかけると、善明は淡々と、時には語調をつよめて事件に対する思いを語りだした。その言葉には、冷静さを保とうとしながらも、最愛の息子を殺された父親としての峻烈《しゅんれつ》な感情が込められていた——。

家族のひずみ

裁判で、僕と遼太の母親との間がアコーディオン式の衝立《ついたて》で遮られていたのは、白分でも不自然だと思っていました。なんでこんなことをするのか。傍聴席にいる人たちが見たらどう思うか、と。

　衝立を立てることを決めたのは、彼女側の意向です。横浜地裁で行われた虎男の初公判の前に、弁護士から急に言われたんです。向こうから要望があって、公判では僕たちの間に衝立を立てることになったって。一方的にもう決まったという感じでつたえられたので、疑問を挟む余地もありませんでした。

　裁判の最中のことについても、細かな取り決めがなされました。まず、僕は遼太の母親と顔を合わせないようにするために裁判開始の一時間前に来るようにと言われていました。隣にある横浜地方検察庁に寄って、担当の弁護士と待ち合わせをしてから一緒に向かうんです。裁判所につながっている通路があるので、そこを通って法廷に入り、後から彼女が入廷することになっていました。

休憩時間も鉢合わせしないように配慮がなされました。入退廷の際は僕がすべて先。

休憩をする場所も、トイレを使用するタイミングも、裁判所の職員の案内に従って動くことになっていました。たまに休んでいる僕の前を彼女たちが横切って気まずい感じになったことがありました。

なぜ遼太の母親が、あそこまで僕のことを避けたのか。はっきりとした理由は聞いていません。僕は顔を合わせたり、話をしたりすることには何の抵抗もありません。彼女が一方的に距離を置こうとしているだけです。あくまでも推測ですが、彼女が僕に訊《き》かれたくないことがあったからではないでしょうか。

きっとそれは、僕が彼女に一番たしかめたいと思っていることです。なぜ、彼女は遼太を助けることができなかったのかということ。

最後に遼太に会ったのは、事件の一カ月半前の一月二日です。西ノ島に帰る直前、川崎駅の回転寿司屋で食事をしました。

時期を考えれば、あの時すでに遼太は虎男と知り合っていたはずですが、まだそんなに深い関係ではなかった。遼太の行動がおかしくなったのは、冬休みが終わってから。三学期の開始と同時に、不登校になって、本格的に虎男たちのグループと夜遅くまでつるむようになった。

一月二日から事件までの一カ月半は、僕にとって「空白の期間」なんです。遼太に何が起きていたのか。遼太の母親は不登校になった自分の子供をなぜ放っておいたのか。きょうだいたちはどうしていたのか。事情を知っているのは家族だけでしょうが、裁判で彼女はそのことについて一切触れませんでした。

事件が起きたことを遼太の母親だけのせいにするつもりはありません。でも、確実に彼女は母親としてやれることがもっとあった。

遼太の不登校がまさにそうです。彼女は心配して遼太と話し合いをしていたと言っていましたが、結局説得して行かせることができなかったわけですよね。学校へ行っていない理由だってあったはずですけど、その理由さえたしかめたかどうかわからない。心配して連絡をしてくれていた学校の先生ともうまい関係が築けなかった。

手をこまねいて何もできずにいるのなら、なんで僕のところに連絡をよこさなかったのかって思うんです。遼太を西ノ島につれてきて、気が済むまでのんびりさせてから学校へ行かせる方法だってあった。川崎のゲームセンターで年上の不良たちと群れているよりはずっといい。でも、そういう手立てを講じませんでした。

憶測ですが、たぶん、同居していた男の存在が影響していたんじゃないでしょうか。男が家庭の中で「父親」として振る舞おうとしていたとしたら、彼女としては別れた夫である僕に相談するのははばかられる。男に気をつかって躊躇《ちゅうちょ》していた結果、遼太が放置されることになったのかもしれません。

遼太は母親やきょうだいが嫌いだったわけじゃないと思います。母親だって、遼太のことを心から愛していた。でも、彼女は子供が五人もいたこともあって、その時々で愛情を偏《かたよ》らせてしまうことがありましたし、同居していた男に対する想《おも》いもあったでしょう。子供って、親のそういう愛情の変化を敏感に察知するものです。それが親子の溝《みぞ》になっていた可能性は十分に考えられます。

日吉での暴行に関しても、遼太の母親にはもっとできることがあった。殺人事件の後、ネットに出た遼太の顔が腫《は》れた写真は日吉事件後のものだと言われていますよね。僕も見ましたが、片目には大きなあざができ、顔の輪郭ごと変わってしまっているような腫れ方です。ちょっとやそっとのケンカじゃ、ああはならない。裁判で虎男は普通に殴っただけみたいなことを淡々と語っていましたが、無抵抗の人間にひたすら力いっぱい拳《こぶし》をふり下ろさなければ、あんなひどい怪我《けが》になるわけがないんです。遼太の母親だって、同居していた男だって、それくらいわかるでしょう。

もし怪我に気がついた時に、彼女が保護者としてきちんとした対応をとっていれば、事件にはつながらなかったかもしれない。病院につれていけばいいし、誰にやられたか訊けばいい。でも、結局写真を撮っただけで警察に訴えたわけでもなければ、虎男たちとの交友関係を断ち切らせたわけでもなかった。
遼太の母親も仕事で忙しかったでしょうから、男の子のケンカの対処まではできなかったのかもしれません。だとしたら、せめて同居している男が彼女の代わりにそれをしてほしかった。あの男がそれをしなかったのは、遼太の父親ではなく、雅子という女性の恋人という存在でしかなかったからではないでしょうか。だからそこまで踏み込まなかった。

離婚を決めた際、彼女は子供たちの親権は自分が持つと言いました。親権を得るというのは、同時に親としての責任を果たす、きちんと子供を保護するということでもあります。だからこそ、こう考えずにはいられない。

――もし事件が避けられなかったのだとしたら、空白の一カ月半に何があったのか、きちんと僕に説明する義務があるのではないか。

遼太の母親も、最愛の息子を失った遺族です。何も好んでこんな事態を招いたわけじゃない。でも、島にいて何もしてやれなかった僕にしてみれば、ついついそう言いたくなるんです。周りの大人がみんなで見殺しにしたんじゃないかって。

遼太の母親は、僕に会えばこうした疑問を投げかけられるのをわかっているから、避けているのかもしれません。最初にそれを感じたのは、葬儀の時でした。彼女は口程を僕に教えようとしなかったし、僕が一般弔問客の席にいても声をかけることすらしなかった。いくらなんでもあんまりですよね。

そういえば、こんなこともありました。警察での捜査が終わって、押収されていた遼太のスマホを誰に返却するかという話になったんです。スマホはもともと僕が買い与えて、利用料金も払っていましたので、僕に返されるのが筋でしょう。警察の方もそれはわかっていた。でも、遼太の母親は警察に頼み込んで、スマホを形見として自分が持っていたいと言ったようです。警察の方から僕に連絡があって、彼女がほしがっているけどどうするかと訊かれました。

僕は答えました。

「それはできません。スマホは僕のものです」

「遼太君のお母さんもほしがっています。話し合いの余地はありますか」

「ありますよ。きちんと彼女が面と向かって事件について語ってくれるなら」

「それは難しいです。彼女はスマホのことしか話したくないと言っています。それ以外の会話はしたくない、と」

「じゃあ無理ですよ。直接会えば、話はスマホのことだけに収まるわけがない。遼太の話にもなります。それが嫌なら話し合いは無理です」

警察の方が僕の意志を彼女側につたえたところ、彼女は「それならスマホはいらない」と言ったそうです。それだけ僕から事件のことを問い詰められるのを恐れたのだと思います。

その後にあったのが、裁判の一件です。虎男の裁判が横浜地裁で開かれることが決まったところ、遼太の母親側が弁護士を通じてこう言ってきました。

「裁判に来てほしくないと雅子さんたちが言っています。顔を合わせれば嫌な思いをすることになるので、今回はご遠慮いただけないでしょうか」

耳を疑いました。離婚しているとはいえ、遼太は僕の血のつながった息子であり、裁判に出る権利もあれば、意見陳述で発言する権利もあるんです。それなのに、一方的に来るなとはどういうことか。そういうところだけ主張するな、と言いたくなりました。

僕は弁護士に対して「悪いけど行きますよ。これは僕の権利ですから」と返しました。そしたら、先ほど話したように遼太の母親側の意向で公判の際に衝立を設けて遮《しゃ》蔽《へい》をすることになった。裁判で遺族の席が二つに仕切られていたのは、そのためです。

たしかに僕と彼女との間にはいろんなことがありました。一歩引いて考えてみれば、彼女がすべて悪いわけじゃない。僕にだって責任があるのはたしかです。ただ、こうした事件が起きてしまうと、どうしても相手を責めるような思いを抱いてしまう。なぜこんなことが起きたのか、理由を求めたくなってしまう。

遼太の母親とは別に一つ納得いかないのは、彼女の弁護士の対応です。お互いのやり取りは、すべて弁護士を通じて行っていました。弁護士は遼太の母親についているからといって、僕に対して裁判に出るなと言ってきました。これって僕が有している遺族としての権利を放棄しろってことですよね。弁護士でありながら、平気でそう言える心理が理解できません。

結局、被害者支援の弁護士といったところで、本当の意味で被害者のことなんて考えちゃいないんでしょう。仕事で自分がついている人の利益しか見ていない。そんなふうに考えると、弁護士を信用する気がなくなりました。

家庭裁判所と加害者家族

事件の翌月から家庭裁判所で少年審判が行われました。加害者三人が犯した事件の内容や悪質性などが審理されたのです。

少年審判も被害者家族が傍聴できるということで、僕はそれぞれ一回ずつ行って話を聞きました。今思えば、そこでは事件の詳しい内容がほとんど明らかにはされませんでした。四十三カ所もカッターで切られたとか、二月の冷たい川で泳がせたとか、犯人が去った後も息があって這《は》いつくばって帰ろうとしたとか、そうした具体的なことは伏せられていたんです。

警察からも事件の詳細についての説明はありませんでしたね。初めて警察署へ行って、遼太の遺体と対面した時だって、額の打撲の痕《あと》や小さな切り傷しか見せてもらえなかったんです。ですので、ずっとこれだけで人が死ぬのかって思っていました。供述調書も重要な部分はすべて黒塗り。警察は捜査の段階では、いろんなことを言って協力を求めてくるのに、自分たちがつかんだ情報は遺族にさえ出そうとしないんです。

真実を知ったのは、裁判員裁判がはじまってからです。虎男の初公判の時、映像で遼太の体のどこにどれだけの傷があったのかが示された。言葉を失いましたね。まさか、こんなむごい殺され方をしていたなんて……。

あの時は怒りや悲しみでパニックになりそうでしたが、今ではきちんと知ることができてよかったと考えています。遺族って事件の内容を把握しなければ、事件そのものを受け入れることが難しいんです。

たとえば、今回の事件でも、刑事裁判にならず、少年審判になっていたら、僕ら遺族は何も具体的なことをわからないまま遼太が殺されたことを認めなければならなかった。それは遺族にとって苦痛以外の何物でもありません。警察に言いたいのは、遺族のためにも適時、適切な情報をつたえるべきだということです。

もう一つ、家庭裁判所や保護観察所の責任問題も忘れてはならないと考えています。事件当時、虎男と剛の二人は別の事件で保護観察処分になって、観察の対象になっていました。にもかかわらず、虎男は遵守《じゅんしゅ》事項に記されていた禁酒の約束を破って酔った状態で、日吉で遼太を殴りつけたり、多摩川で刺して殺害したりした。

結果を見れば、家庭裁判所が下した保護観察処分がまちがいだったことは明白です。本来は少年院送致にするべきだった。家庭裁判所には誤った決定をし、事件を招いてしまった責任があるんじゃないでしょうか。

保護観察所も同様です。保護観察官や保護司には、二人を観察する義務があったのに、彼らは明らかにそれを怠り、事件を起こしてしまっているのです。

これらのことについては、家裁での少年審判から裁判員裁判にいたるまで、何一つ言及されてきませんでした。そこを問題視することは、国の過《あやま》ちを認めることになるので都合が悪いのでしょう。加害者の親に保護者としての責任は問うのに、国の責任に目を向けないというのは矛盾しています。

とはいえ、加害少年たちの親が責任を果たしたとは考えていません。あの親たちから初めて接触があったのは、少年審判が終わって、三人が裁判員裁判で裁かれることが決まった後です。弁護士を通じて、虎男の両親が謝りたいと言ってきたのと、剛の祖母が百万円の慰謝料を支払いたいと申し出てきたことがありました。

どちらも断って突き返しました。理由は一つです。あの親たちは、それまで一度として連絡も寄こしてきませんでした。虎男の父親にいたっては、息子の無実を信じているとマスコミに何度も主張していた。それなのに家庭裁判所の審理で刑事裁判が行われることが決まった途端、まるで手のひらを返すようにして謝ってきた。

なぜなのかと考えてみてください。裁判員裁判になれば、加害者に対する心証が情状に大きな影響を及ぼします。あの親たちは、裁判員裁判がはじまる前に謝罪をしたり、慰謝料を払ったりすることで、少しでもそれをよくしようと考えたのではないでしょうか。保護者としてやるべきことはやっていると主張できますからね。

　僕は彼らの行動をそのように見ていますし、そんな謝罪ならば受け入れたいとは思いません。これが断ることにした理由です。

　判断は正しかったと思っています。僕が断ってから、彼らは一度も連絡をしてきませんから。心から悪かったと思って謝罪を考えているなら、断られても連絡をしてくるのが普通でしょう。それが誠意というものだし、何十回も頭を下げられれば、僕だってどこかのタイミングで受け入れるかもしれない。でも、それがないんです。結局のところ、やっぱり形ばかりの申し出だったんだと思いますよ。

ところで、加害少年たちの親の中で、星哉の親だけは僕には謝罪の申し出すらしてきません。それどころか、連絡すら寄こさない。星哉は裁判で一貫して事件への関与を否定していましたから未《いま》だにそれを信じているのか、親自身にまったく良識がないかのどちらかなのでしょう。もっとも本当に息子の無実を信じているなら、毎回公判に来て証人に出るのが普通だと思いますけど、それすらしていなかったようです。

僕には、今もって犯人の親たちに謝ってほしいという気持ちはありません。そもそも未成年であっても、罪を犯したのは犯人たち本人です。親ではなく、三人がきちんと罪を償う必要がある。生育環境が子供の人格形成に大きく影響を与えて、それで事件を起こしたというなら、多少は親の責任もあるということになるのでしょう。それでも、遺族の立場からすれば、事件を起こしたのは犯人であって、罪を負わなければならないのも彼らなのです。

加害者の責任

横浜と東京で開かれた合計四回の裁判。正直に言えば、行きたくなかった。一回だけならともかく、何度もあんなむごたらしい証言を聞きたいと思う遺族はいませんよ。それでも最初から最後まで通いつめたのは、事件の真実を知らなければならないという気持ちと、遼太の親としての責任でした。

裁判が終わって思うのは、法廷では犯人たちの都合のいい嘘《うそ》ばかりを聞かされたということです。彼らは自己保身に徹して、反省しているふりをしていましたが、不利なことはまったく語っていません。虎男だって逮捕されて三人のうち最初に全面的に自供したことになっていますけど、たくさんのことを隠している。

たとえば、遼太は何も言わずに四十三回も切られつづけたことになっています。常識的に考えて、そんなわけないですよね。「痛い」―「助けてください」―「許してください」―など、命乞《ご》いも含めていろんなことを言っていたはず。彼らはそれを全部無視してカッターで何十回も切りつけて、川で泳ぐように命じたんです。その細かなところを彼らは何一つ語らないまま、裁判は終わってしまった。有罪になってはいますが、最終的には死人に口なしで、有利になったのは彼らです。

犯人の弁護士たちの言い分も聞き捨てならないものがありました。虎男の弁護士は、虎男が父親から虐待《ぎゃくたい》を受けたことによって人格形成がうまくいかなくなって、あのような凄惨《せいさん》な事件を起こしたというようなことを主張していましたよね。でも、僕からすれば、あんなの虐待とは言えませんよ。どこがって感じです。

僕自身は体罰そのものを否定しません。父親が物わかりの悪い虎男に対して正座をさせたり、叩《たた》いたりするのは、しつけの方法としては真っ当です。虐待とは別です。弁護士は他に、フィリピン人の母親がコミュニケーションに問題があったと言っていましたが、法廷に証人として出てきた彼女は流暢《りゅうちょう》な日本語を話して、最初から最後まで一人で受け答えができていました。

虎男の家庭には、殺人を正当化するような甚大な問題はなかったと思っています。家もあるし、学校だって行かせてもらっている。事件後に流出した家族の写真だって、幸せそのものだったじゃないですか。一家でバーベキューをしたり、花見に行ったり、父方の祖母と母方の祖母が仲良く出かけたり。家の中には大きなクリスマスツリーまで飾られている。それなのに、弁護士たちは虎男の罪を軽くするためだけに、両親の体罰を指摘し、日本語での会話が成り立っていなかったと言った。

弁護士は、なんだってああいう言い方をするんでしょうかね。本気で長時間正座をさせたことが殺人に結びついたと思っているのでしょうか。母親がハンガーで思わず叩いたから子供が殺人者になったと思ってるんでしょうか。もしそうなら、ほとんどの殺人は情状酌量に値するものになってしまいます。それを承知で、法廷であんなことを言う弁護士は到底まともだとは思えません。

裁判の中でもっとも怒りを覚えたのが星哉です。彼の態度には目を疑いました。犯行への関与を否認しただけじゃなく、何を尋ねられても「やってない」「知らなかった」「わからない」を連発でしょ。反省の色も全然見せず、時にはヘラヘラと笑みまで浮かべている。

虎男たちが遼太をあれだけたくさんカッターで切ったのは、殺すことへのためらいがあったからです。最初から殺害するつもりなら、もっと早い段階で致命傷を負わせていた。だとしたら、誰かが虎男を煽《あお》って殺すように仕向けたと考えるのが普通です。あの状況から考えて、それをしたのは星哉しかいません。

なのに、あいつは悪びれることさえなく、自分だけは何もしていないと言い張る。隣でしゃがんで携帯をしていただけだ、と。馬鹿馬鹿《ばかばか》しい。みんなそんなことありえないと思っているのに、本人だけは平気でそう主張する。一審では裁判に出席しないどころか、新しい証拠すら出さないなんて、侮辱するのも甚だしい。

僕は、星哉が控訴《こうそ》したのは、少年刑務所送りになるのを先延ばしするためだと解釈しています。

一般的に刑務所より拘置所の方が生活は格段に自由です。懲役刑が決まったら、拘置所にいた期間を差し引いてもらえる。彼にしてみれば、さっさと罪を認めて少年刑務所へ行くより、控訴することで数カ月でもそれを先延ばしにした方が得なんです。控訴はそのためだったんでしょう。そんな身勝手な理由で行われた裁判のために、多額の税金が投入され、僕は西ノ島から二回も東京に来ることになった。

星哉についていた弁護士は、何を考えていたんでしょうね。あの弁護士は、星哉が「やってない」「知らなかった」と言ったことを全面的に支持して、無実の主張をしていました。これは星哉が事件に関与したとする検察側の意見と相反します。事実が一つしかないとしたら、弁護士か検察官のどちらかが、事実をねじ曲げて嘘をついていることになりますよね。

常識的に考えれば、真っ当なことを言っているのは検察だし、裁判の判決も弁護側を退けて検察を支持しました。弁護士は法廷で星哉を守るために堂々と嘘をついていたということになる。

弁護士ってつくづくおかしな商売だと思います。弁護士というだけで、法廷で事実をねじ曲げたり、被告人の虚言を支持したりすることが許される。彼らがそれを自覚してやっているのだとしたら、弁護じゃなく、単なる嘘つきです。

被害者遺族を目の前にして、よくそんなことができるなと感心します。弁護士というのは、よっぽど心がつよくなければやれない商売なんじゃないでしょうか。

判決への疑問

なんで事件が起きてしまったのか。遼太の死を知らされた日からずっと考えてきました。

マスコミが事件報道をはじめた頃、川崎という土地が様々な取り上げられ方をしました。イスラム国にならって「カワサキ国」と呼んで、在日外国人や不良たちが大勢暮らしていて、そいつらが悪のかぎりをつくしている町だ、みたいな言われ方です。そこに田舎から中学生がやってきたことで殺されてしまった、と。

僕はこの地域で育ち、虎男や星哉と同じ中学を卒業していますので、町のことならおおよそわかっています。僕が物心ついた四十年以上前から、この地域には外国人が多かった。
ネットの連中は、虎男と剛の母親がフィリピン人だったことをことさら強調しています。水商売のフィリピーナの子供だから、あんな残酷なことをできたんだって語調で。マスコミだって国籍についてはよく話題にしていた。

本当に関係あるんですかね。

僕が通っていた中学にも外国人の子はいました。親がまったく日本語が通じないみたいな子です。でも、付き合えばみんなごく普通の子です。外国人の子だって日本人と同じように、変わった子もいれば優秀な子だっている。僕の意見を言えば、彼らが事件を起こしたことと、母親がフィリピン人だったことなんてほとんど関係ありません。

じゃあ、なんで事件が起きてしまったのか。僕が言うと語弊があるかもしれませんが、これに尽きると思うんです。

——遼太の運が悪かった。

川崎はたしかに経済的に恵まれない家庭で生まれ育った子は多い。僕自身だってシングルマザーに育てられた高卒の人間です。

でも、川崎以外にもそんな町はいくらでもあるじゃないですか。関西にだって、九州にだってある。町の片隅に不良たちがつどっているのは普通だし、そこで暴力沙汰《ざた》くらい起こるでしょう。中学生がそうした輪に交っていることだってある。川崎だけが特別ってわけじゃない。

ただ、その中でも虎男たち三人は、人を殺すほど異常な奴《やつ》らだった。タイミングも悪かった。遼太は数あるグループの中から、そんな最悪の人間とたまたま出会ってしまったんです。

そういう意味では、遼太の母親にものすごく大きな落ち度があったわけでも、学校側が致命的なミスをしたというわけでもない。ただ、日本に数えられないほどたくさんいる不登校の中学生のうち、一番ひどいババを引いてしまったのが遼太だったということなんです。運が悪かったという表現をしたのは、そういう思いがあってのことです。

とはいえ、虎男たち三人が凶悪な犯罪をした事実は揺るぎません。彼らは信じがたい方法で遼太を痛めつけて殺害した。僕は、彼らに対して怒りの感情しか湧《わ》きません。死刑になってほしい。

それが偽りのない気持ちです。裁判がはじまる前から一貫してそう願ってきました。裁判でも是が非でもそう訴えたかった。

弁護士からは死刑は難しいだろうと言われてきました。今の裁判では過去の判例が基準になるので、無期懲役にさえならないだろう、と。それでも遺族の心情としては、有期刑を求めるわけにはいきません。検察が数年から十数年の刑を求刑したのに、弁護士を介して三人に対して無期懲役を求めたのは、僕なりのせめてもの抵抗だったのです。

もう一つ、裁判の中で弁護士を介してしたことがあります。具体的に「死刑」という言葉を少年たちに投げかけてみることです。おまえたちがやったことが死刑に値することだとわかっているのか、と問い詰めたかった。

当初、弁護士からはこの質問についてもやめた方がいいと進言されました。判決が出る前に、死刑という言葉を被告人に投げかけるのは許されないということだったのかもしれません。僕は何とか頼み込んで了承してもらった。

被告人質問の際、弁護士がその問いを発すると、虎男は少しためらってから、こう答えました。

「覚悟はしてます」

本当にそう思っていたんでしょうかね。僕の脳裏によぎったのは、「だったら、なんでお前は生きているんだ」という思いでした。本当に死刑を覚悟しているんだとしたら、自殺でも何でもいいから死ねばいい。死んでほしい。そう感じたのです。

※注　この時の被告人質問での発言

――死刑になることもあるとわかっていますか。

虎男「はい」

――罪を背負って生きていくんですね？

虎男「はい」

――死刑になることはないだろうと思っていない？

虎男「それはないです。それぐらいの覚悟はあります」

――軽く言うことではないよね。

虎男「（逮捕から）一年をすごして、それくらいの覚悟をしています」

判決は、弁護士の予想通りでした。数年から十数年の懲役刑。主犯の虎男ですら、一番長くて十三年です。三十二歳には社会に出てくることになる。おとなしくしていれば、二十代で出てくるでしょう。判決には、これっぽっちも納得していません。

一連の裁判の流れを見ていて感じたのは、「更生ありき」で話が進んでいるということです。少年刑務所に一定期間収容して、作業をやらせたり、何かしらのプログラムを受けさせたりしさえすれば、人間は善人に変わるという、何の根拠もない前提があるように思うんです。だからこそ、裁判官たちは刑罰を決める際に、懲役の期間だけをあれこれと検討する。

彼らは本当に更生するんですかね。すべての受刑者が少年刑務所に入ったからといって善人になるんでしょうか。

僕はそう思わない。殺人は、万引きやちょっとしたケンカなんかとはまったくちがうものです。やる人間とそうでない人間との差は大きい。

もっと具体的に言いましょう。虎男が殺人事件を起こしたのは、彼の酒癖の悪さが大きな原因です。彼は酒を飲むと別人になる。人間じゃなくなるんです。つまり、酒が人殺しの導火線なんです。

でも、酒癖の悪さは生まれ持っての体質です。少年刑務所へ行って、それが完治すると思いますか？ せいぜい少年刑務所にいる間は強制的に飲酒を禁じられ、矯正プログラムの中では「出所後はお酒を控えましょう」と習うくらいでしょう。何の抑止力にもなりませんよ。

虎男の酒癖の悪さが治らないのだとしたら、刑務所でどんなに言葉で反省を促すより、酒が絶対に飲めないような環境をつくる方が、再犯を防ぐという意味でははるかに効果的なのではないでしょうか。僕が「更生ありき」に疑問を感じているのはそこなんです。今回の判決の有効性については、僕は疑いしか持っていません。

復讐《ふくしゅう》

裁判所が下した判決が正しかったとは思っていません。あれだけのことをやって数年から十数年で釈放されるなんて信じられない。一番得したのは、虎男だったんじゃないでしょうか。

裁判の傍聴をしていて感じたのは、裁判って出来レースみたいなものなんだなということです。検察官、弁護士がそれぞれ決まった形で話をして、最終的には過去の判例に当てはめて、予想通りの刑が下される。

三人の殺人者は、懲役の期間、税金で食べさせてもらっていればいいだけです。少年刑務所の中には、クリスマスも正月もあるし、高校卒業資格や就職に必要な資格も丁寧な指導を受けながら取ることができる。そう考えると、彼らにとっては、社会でフリーターをするより、よほど有意義な時間をすごせることになる。

遼太がどうなったかを考えてください。何かしたわけでもないのに、単なる勘違いから無残な方法で命を奪われ、クリスマスを迎えることも、学校へ行くこともできなくなった。二度と人生を楽しむことはできないんです。

家族、とりわけ遼太のきょうだいだって同じです。事件後、家族みんなで引っ越しをし、隠れるように名前を変えて生きているといいます。それで元通りの生活にもどれるわけじゃありません。心には事件のことが焼きついたままです。

毎年、遼太の命日には事件のことを思い出して苦しむでしょう。一番下の子の誕生日と遼太の命日は同じなんです。会社に入る時も、結婚をする時も、事件のことを気にしなければなりません。一生涯にわたって事件の重荷を背負っていくことになる。

僕自身の生活にだって同じことが言えます。僕は漁師ですから、島に帰ればクリスマスなんてありません。真冬の海で、来る日も来る日も働かなければならない。それなのに、犯人たちは少年刑務所でクリスマスや正月を祝い、甘いお菓子に舌鼓《したつづみ》を打っていることができる。なんで、僕が海で肉体労働をしている間、あいつらが国の金で雨風をしのいで、何の苦労もなくのうのうと生きていられるんでしょう。

これが、「正しい判決」だと思いますか？　そう言える人間がいたら馬鹿ですよ。少なくとも、僕には狂っているとしか思えません。

裁判を通して、僕は司法の現実を痛いほど思い知らされました。一国民の僕が何を言ったところで変わるわけがない。裁判官だって、自分の子供が遼太のように惨殺《ざんさつ》されないかぎり、今の司法制度のゆがみを正そうなんて微塵《みじん》も考えはしません。組織のルールに従って自分が出世することしか頭にない。それは議員だって同じ。だから、何も期待していません。

今、僕の胸にあることを正直に言います。

三人が刑務所から出てくるのを待って、個人的に復讐《ふくしゅう》をするしかないと考えているんです。

絞首刑みたいにいっぺんに殺したいわけじゃない。あの三人に遼太と同じ思いを味わわせたいんです。

真っ暗な河川敷につれていって全裸にしてやりたい。命乞いを無視して、カッターで四十三回体を切り刻んでやりたい。立てないほど衰弱させてから真冬の川で泳がせてやりたい。まだ息をしているのに、足蹴《あしげ》にして川に落とし、闇《やみ》の中に放置してやりたい。

「もう殺してくれ」

そう泣いて頼むまで痛めつけてやりたいんです。

今は裁判官に死刑判決を下してほしいとは思っていません。その代わり、僕が遼太と同じ目にあわせて、その苦しみがどれだけのものかをわからせてやる。それが、加害者が自分の犯した罪と向き合う、あるいは償うということではないでしょうか。もちろん、それが社会的なルールに反しているのはわかっています。でも、遼太は法律というルールに反したやり方で殺された。それなのに、なぜあいつらだけ、ルールによって守られなければならないのでしょう。そんなの理不尽じゃないですか。昔、僕は死刑に対して反対意見を持っていたこともありました。人間が生きるという最低限の権利は守られるべきだ、と。事件を体験した今は、死刑あるいは復讐というものに全面的に賛成意見に変わりました。

殺人を犯すような悪い奴らは、殺せばいいと思う。殺人は被害者から生きる権利を奪い取る行為です。そんな罪を犯した人間が、なんで生きる権利を守られなければならないのでしょう。

加害者の家族についても同じことが言えます。僕は、事件後に虎男や星哉の家の前に何度も行きました。駐車場に車が止まっているのを見ると、「てめえの子供が人殺しをしたのに、親がのうのうと暮らしてんじゃねえ」と思うし、家に明かりがついているのを見ると火をつけてやりたい衝動に駆られる。

今後のことについて、僕なりに考えていることがあります。もうすぐ裁判は幕を閉じることになるでしょう。しかし、これで終わりにするつもりはない。ある方法をつかえば、少年三人やその家族とつながりを持ちつづけることができる。

それは、損害賠償を請求することです。遺族として加害者たちに対して損害賠償請求を裁判で起こすんです。

弁護士にはすでに話してあります。弁護士からの意見は芳《かんば》しいものではありませんでした。おそらく損害賠償請求したところで、加害者の側に支払い能力がないので、こっちが訴訟の費用がかかるだけで損だということなのでしょう。

中学生の殺人事件なら、その額は膨大です。たしかに加害者本人たちはもちろん、虎男の父親は職を失っているし、住宅ローンの支払いやら体の悪い家族の世話やらで、それだけの支払い能力はない。剛の親は事件から三カ月後に結婚して逃げるようにアメリカに移住してしまった。もし裁判で損害賠償を請求して認められたとしても、その額を手にする可能性はゼロに等しい。

それでもかまわないんです。今更彼らに金を払ってほしいと思わないし、払えるとも思っていない。じゃあ、なぜ裁判を起こそうとしているのか。それは彼らとつながりを持っていたいからです。

　裁判が終われば、社会的な意味では僕と犯人たちのつながりは切れてしまいます。犯人たちは司法が下した刑に服していますし、保護者は僕に対して何かをする義務はありません。極端にいえば、僕から連絡が来ても無視していいし、謝る義務はないし、黙ってどこかへ引っ越したっていいんです。法律的な強制力はない。

　これで不利になるのは、僕の方です。犯人たちが何を思っているのか、出所後にどこで何をするのか、それを知る手立てが完全になくなってしまう。

　でも、損害賠償請求が認められれば、状況は変わります。加害者は僕に損害賠償を支払わなければなりません。払えないのならば、払えるまできちんと僕とつながっている必要があるでしょう。僕にしたって、彼らから支払いを受けていないという理由で家に押しかけたり、加害者たちと話をしたりすることが可能なんです。裁判を起こす意味はそこにあります。

　本当に損害賠償請求を起こすかどうかは、弁護士と話をしている最中です。そこまでしなければ、遺族と加害者がつながれないなんておかしな話ですが、それが日本が法で定めたルールなんです。

思い出

事件の前と後とでは、僕の生活は大きく変わりました。ぜんぜん違う人生を生きているといっても過言ではありません。

川崎に三週間滞在し、加害少年の逮捕や通夜《つや》、葬儀が終わり、三月に西ノ島にもどりました。国からの補償は一切出ませんでしたから、生活のためにも仕事を再開しなければならなかったのです。

島で僕を取り巻く環境は一変していました。話したこともない人から、じろじろと見られるようになった。小さな島にマスコミが押しかけたわけですから、事件のことを知らない人はいません。知り合いがやってきて、「大変だったね」「大丈夫か」と声をかけられましたが、そこに踏み込んでもらいたくないという気持ちが先行して返事をする気にさえなりません。

一部の島の人たちは、週刊誌が報じた「ＤＶ」や「虐待」のことを囁《ささや》いていました。離婚の原因は僕の家族への暴力にあり、そのせいで遼太が川崎へ移り住むことになって、事件に巻き込まれたのだ、と。

どうして離婚から四年も経《た》って、そんな話になるのでしょう。馬鹿馬鹿しいにも程がある。そんな噂《うわさ》をしたいなら満足のいくまですればいい。

会社の人たちは、僕にきちんと理解を示してくれたし、助けにもなってくれました。押しかけて来たマスコミを追い払い、裁判に合わせて休みを取ることを許可してくれました。体調も気づかってくれた。

もしかしたら僕が自殺するかもしれないと心配していたのかもしれませんね。漁の時も船に一人にしないなどの配慮をしてもらったように思います。会社のお陰で、僕はなんとかここまでやってこられたといえます。

島に帰ってから年が明けるまで、自分では今まで通りに生活をしてきたつもりです。しかし胸の奥では、遼太を失った悲しみや、加害者への怒りが、知らず知らずのうちに溜《た》まっていたのでしょう。事件から一年が経ち、虎男の公判が結審した後、僕は体調を崩して入院することになりました。

公判後、島に帰ってから間もなくして、どうにも体の具合がおかしかったことから病院で検査を受けたところ、肝臓の数値が信じられないくらい悪くなっていて、入院を言い渡されたんです。医者からはこう言われました。

「酒の飲みすぎで、突然ここまで数値が悪くなることはない。原因は、他にあると思う」

事件のストレスとしか考えられません。

医者からは、肝臓の数値がもどって体調が回復するまで仕事を休んで安静にするよう指示されました。翌月に行われた剛の公判に出るために無理を言って退院しましたが、それがなければ一カ月以上の入院を余儀なくされていたはずです。

こうしたこともあって、最近ではお酒をあまり飲まなくなりました。飲んでも、仕事から帰ってきて寝る前にハイボールを一杯口にする程度です。

他に事件後の生活習慣で変わったのは、パチンコをしなくなったことですかね。賭《か》け事をする気持ちが消えてしまったんです。

なぜだかわかりますか？

賭け事って運ですよね。運がいいとか悪いとかですべてが決まってしまう。それって、遼太の事件にも共通するところがあります。彼は自分で意図して事件に巻き込まれたわけじゃなく、運の悪さゆえに虎男たちに殺されたわけです。そう考えると、運というものにすがる行為が嫌になってしまった。パチンコができなくなったのは、そのためです。

横浜地裁での判決が出てからは、マスコミの取材はぴたりと止《や》みました。島は以前のような穏やかな空気を取りもどしつつあります。僕は島で母親と同居しながら、相変わらず漁船で漁の仕事をしています。母親と遼太の話をすることはありませんね。そう決めているわけではありませんが、なんとなく触れてはいけないような感じになっています。

一人でいる時は、よく遼太の遺品を見返します。遼太が好きだったガンダムのカード、スマホ用のストラップ、ポラロイド写真で撮った幼い頃の写真。それらを財布の中に入れているんです。ふと遼太のことを思い浮かべると、それらを取り出して眺めたり、指でなぞったりする。

家に大事にしまってある遺品もあります。警察から返してもらった遼太のスマートフォンや、小六の夏休みに泊まりに来た際に、「置いておいて」と残していった短パンとTシャツ……あいつ、また来るつもりだったんですよ。それに、生まれた時の足形など。絶対になくしたくないものについては、家の中でしっかり保管することにしているんです。見ればつらい感情も湧き起こるんですけど、一生手放すことはできません。

事件後に、川崎で新たに知り合った人も少なからずいます。そういう方々に助けられたこともあった。その一人が清掃ボランティアの竹内七恵さんです。

事件後に島にもどってきて困ったのが、遼太の最近の写真がなかったことです。小学六年生で島を離れたため、それ以降の写真が一枚も手元になかった。中学生になった遼太の写真で遺影をつくることができなかったんです。

竹内さんが僕の弁護士に声をかけてくれたのは、星哉の一審の裁判の時でした。河川敷に供えられていた遼太の記念品の中に譲りたいものがあると申し出てくれた。公判が終わってから、マスコミの目をかいくぐってお目にかかっていろいろと話をしたら、彼女が持っている遼太の写真をくださることになったんです。ありがたくいただきました。

竹内さん以外にも、ボランティアをしてくださった方々がたくさんいることは知っています。私自身、河川敷に行った時に見かけましたからね。彼らの中には、遼太のことを思って島にまで来てくださった方もいたそうです。司法やマスコミに対しては不満しかありませんが、一人ひとりの善意というのは、嬉《うれ》しいものです。

今は、もう事件のことで騒がれたくないという気持ちが大きいかな。ただ、時間が経つにつれて、遼太のことが人々の記憶から薄れていっていることも実感しています。

僕としては、世間から忘れられるのは仕方ないにしても、遼太のことを知っている同級生や大人たちの記憶の片隅には残ってくれないかなという思いがあります。やっぱり、一方的に殺されて、誰にも覚えていてもらえないというのはつらい。

どんなふうに遼太は記憶に残るんですかね……。

思い出すのは、僕が小学生時代のことです。同じ学校の生徒が母親の無理心中に巻き込まれて亡《な》くなったことがありました。学校で先生からそのことを教えられ、みんなでお葬式に行きました。悲しい最期《さいご》ですが、僕の胸にはあの子のことが今でも焼き付いています。

もしかしたら、遼太も同級生たちの記憶の中にああいう形で残るのかもしれません。それでもいいんです。あれだけ凄惨な事件なので、僕の口から同級生たちに「忘れないで」とは言えません。でも、本心では、どんな形でもいいから、遼太を覚えておいてほしいと思う。

今もよく考えるのは「運」のことです。先ほど遼太が殺されたのは、運が悪かったからだと言いましたが、それについてです。

なんであれだけ不登校の子がいるのに、遼太だけが殺されなければならなかったのか。なんであれだけ不良がいるのに、その中からよりによって虎男たちと出会わなければならなかったのか。なんで剛にＬＩＮＥをした時に酔った虎男がいたのか。なんで遼太の母親は夜中に外へ出ていく遼太を引き留めなかったのか……。

今更悩んでもどうしようもないのはわかっていても、「なんで」「なんで」とばかり考えてしまう。

運って何なんでしょうね。一つ確信をもって言えるのは、社会は、運が悪い人が損をするようにできているということです。そして運が悪い人は誰からも守ってもらえません。

運が悪い遼太は十三歳で未来を奪われ、世の中の楽しみを味わうこともできない。でも、虎男たち犯人にはまだ人生が何十年とあり、少年法によってたくさんのことを守ってもらえる。

僕のような遺族だって、運の悪い側の人間なんでしょうね。事件後にマスコミの餌《え》食《じき》にされても、根拠のないデマで傷つけられても、加害少年に好き勝手言われても、それで体調を崩しても、国は何一つ助けてくれません。自分の責任で乗り越えるしかない。

こんなの間違っていますよ。絶対におかしい。まかり通っていいはずがないんです。被害者こそが保護され、加害者は立ち直れないくらいに罰せられなければならないんです。

僕は運が悪かったことに甘んじるつもりはありませんし、犯人たちを一生許すことはありません。いつまでも怒りを抱きつづけることになります。

だからこそ、あいつらに復讐したいし、あいつらを追いかけつづけたい。

どれだけ年月が経ったとしても、その感情だけは変わらないと言い切ることができます。

これが、被害者遺族である僕が抱く嘘偽りのない気持ちなのです。

エピローグ

二〇一七年の夏、私は京急川崎駅前の居酒屋にいた。

そこは有名な全国チェーンだったが、店内は珍しいつくりになっていた。一階は、細長いカウンターテーブルだけが何列にも並んでおり、一人飲みの客で占められていたのだ。作業服の男性が携帯を片手にビールを飲んでいたり、伸びきったシャツにサンダル履きの高齢者が競馬新聞を持って安い焼酎《しょうちゅう》を飲んでいたりする。土地柄、工場の作業員や競馬場の客が気軽に一人で来られるように設計されたのだろう。

店員の説明によれば、地下にしかテーブル席はないという。私は階段を下りていくことにした。この店に入ったのは、黒澤勇樹に改めてインタビューをするためだった。これまで何度か発言を引用した遼太と虎男の友人だ。彼は小学生だった虎男とイトーヨーカドーのゲームセンターで出会い、事件で逮捕されるまで週に三度くらいのペースで遊んでいた。その中には、もちろん遼太の姿もあった。二人の関係を深く知る人物だ。

実は、私はこの日で取材を終えるつもりだった。店へ来る前、私は事件関連現場を改めて見て回り、その後に虎男の実家を訪れていた。虎男は少年刑務所に収監されているが、家族はまだここに暮らしている。取材の最後に父親に会って事件に対する思いを訊《き》いてみたかったのだ。

インターフォンに出た母親は、「もう寝た。無理」と言ってあっさりと私の取材依頼を拒絶した。初めてのことではない。事件後、私は数えきれないくらい手紙を出し、自宅を訪れ、インタビューを申し込んだが、ことごとく断られていた。

思えば、事件から歳月が流れる中で、父親の様子も大きく変わっていた。事件が発覚してマスコミに取り囲まれていた頃、父親は堂々と息子の無実を主張する姿が度々見られたが、全容が明るみに出て批判が高まるにつれて口を閉ざすようになった。公判に現れた時、父親は傍聴席の片隅にすわり、息子の証言を聞きながら泣きじゃくる妻の横でうなだれていた。

当時の彼は、緑内障と白内障から、右目が一時的に見えなくなり、事件の影響で仕事も失っていたという。嫌がらせの手紙が届き、近隣住民からの厳しい眼差しが注がれる中、家で貯金を切り崩して酒を飲むことしかできなかったのだろう。玄関の前に並べられた水が入った〝猫よけ〟はすべて酒の空き瓶だった。

私が訪れた際に、たまたま玄関で鉢合わせしたこともあった。彼は片足を引きずるようにして歩きながら、「これから家族を病院に迎えに行かなければならないんで」と弱々しく頭を下げ、車に乗って逃げるように去っていった。

事件から二年半が経《た》ち、押し寄せていたマスコミの姿はなくなり、塀や車の落書きは消されていた。父親は再び仕事に就くことができたらしく、今は働きながら、体の悪い家族の面倒を見ているという。

この日、私が訪れた際に母親が取材を強く拒絶したのは、粉々に壊された日常を何とか少しずつ取り戻そうとしていたからだろう。その気持ちは痛いほどわかる。だが、同時に、河川敷で永遠に命を絶たれた遼太と、今なお復讐《ふくしゅう》を誓う善明のことを思い出さずにいられなかった。

居酒屋の地下のフロアは、大学生をはじめとした若者の客でごった返して騒がしかった。クーラーの効いた冷たい室内に煙草《たばこ》の煙が充満している。

テーブル席の奥には私と黒澤が並び、正面には取材に同行した女性編集者がすわっている。運ばれてきた皿の上には、唐揚げ、とんかつ、串焼《くしや》きなど、揚げ物や肉料理ばかりが並んでいた。すべて黒澤が店に来るなり注文したものだった。

黒澤は二十三歳にして中年男性のように腹が出て顔もむくんでいる。髪は伸びてウエーブし、衣服からは汗の臭《にお》いを漂わせていたが、気にする様子もなく、生ビールを片手に料理を胃にかき込む。

「うめえ、マジ、うめえ」

どの皿にも少しだけ野菜が盛られていたが、彼はまったくそれには箸《はし》をつけようとしない。皿が運ばれてきては肉だけを食べ、合間に煙草をせわしげに吸う。そして新しい皿が運ばれてくるとまた音を立てて肉だけをむさぼるのだ。皿はあっという間に空になった。

若いね、と女性編集者が苦笑いして言った。黒澤はなぜか毎日徹夜で遊んでいることを自慢しはじめた。連日明け方まで遊んで、起きるのは午後、そして夕方からまた徹夜で遊ぶ毎日だと得意げに語る。

彼は中学卒業後、実家に住んだままフリーターをし、二十歳を越えてもアニメとゲームが中心の生活をしてきた。ヘルパーの資格を取得したものの、この年齢になっても社会への一歩を踏み出せずにいるのだろう。

この夜、私が黒澤に会って訊きたいと思っていたのは、事件をどう考えているかということだった。加害者とも被害者とも仲の良かった彼には、特別な思いがあるのではないか。それを尋ねると、彼は鶏《とり》の唐揚げを頬張ったまま言った。

「ショックじゃね？　ニュースで知った時は、『え、マジ？』って感じで声出なかったもん。全員とよく遊んでたからね」

目を合わさず、まくし立てるような早口で答える。待てども、それ以上の感想は出てこない。悲しいとか、怒りが湧《わ》くとかそういう感情はあったのだろうか。

もう一度同じ質問をしたところ、彼はさらに短く言った。

「マジかよって感じ」

女性編集者が尋ねる。

「誰に対して？」

「え、両方でしょ」

「虎男たちは人を殺すような人間だった？」

「思わないでしょ」

「でもやった」

「ああ。ビビりだけど、酒飲んだらめんどくさい奴《やつ》だからね」

彼はそう言ってスマートフォンに目を落とし、素早く指を動かす。アニメでつながっているＬＩＮＥのグループのメンバーたちにメッセージを送っているのだそうだ。一日に何百通と届くらしい。

これまでインタビューをした経験から、彼が言葉による表現が得意でないことはわかっていたが、言葉があまりに軽い。事件の重みがまるでつたわってこないのだ。

私は質問を変えることにした。尋ねたのは、虎男が懲役を終えて少年刑務所から出所したら、どうするつもりなのかということだった。彼はそっけなく答えた。

「どうもしない」

黒澤が何もしなくても、彼の方から接触があっても不思議ではない。その指摘に、黒澤は答えた。

「無視するよ。俺、あいつを友達だと思ってないし」

「あれだけ遊んでいたのに友達だって思ってないの？」

「ぜんぜん」

「じゃあ、どういう存在？」

「なんだろ。ヒマつぶし？」

黒澤にとって虎男は小学生の頃から二日に一度くらいのペースでつるんできた仲間

だったはずだ。普通に考えれば、「親友」と呼んでも過言ではない。にもかかわらず、彼は虎男のことをヒマつぶしの相手だったと言い放ったのだ。

黒澤はスマートフォンをいじりながら煙草に火をつけた。困惑する私の顔を一瞥《いちべつ》して悪気を感じたのか、言葉を足した。

「俺、いじめられて学校へ行ってなかったでしょ。高校も行かなかった。だから、時間あったんだよ。それでゲームやアニメが好きな虎男といただけ」

「同じ趣味を共有する相手でしかなかったってこと？」

「だね。他に人がいれば別に誰でもよかった」

「………」

「一人でいるのは寂しい。あいつと一緒にいて楽しいってよりか、一人でいるよりはマシって感じ」

私は黒澤から聞いた生い立ちのことを思い出した。

黒澤の母親もまた川崎の出身だった。中学卒業後は高校へ進学せず、美容学校へ進んだものの、美容師にはならずに結婚した。相手は川崎のエネルギー関連企業で働いていた男性だった。母親は二十歳で長男の黒澤を産み、三年後には次男をもうけた。家庭は幸せとはほど遠かった。父親に飲酒癖があって、毎日泥酔するまで飲んでは暴れたのである。酒臭い息を吐きながら母親に悪態をついたり、幼稚園児の黒澤に無理やり酒を飲ませたりする。手を上げることもしょっちゅうで、母親も黒澤も握りこぶしで思い切り殴られていた。そのため、父親がどんなに金づかいが荒くても、不条理なことを言われても、黙っていることしかできなかった。

　黒澤が九歳の頃、父親は離婚して家を出て行き、別の女性と再婚した。家には母と黒澤、それに弟が取り残された。母親は子供を育てようとコンビニやドラッグストアで働いたり、生活保護を申請したりと奔走した。黒澤はそんな母親を目にして、反抗期すら迎えることができなかったという。

　中学に上がって間もなく、黒澤に大きな試練が訪れる。貧しさゆえか、同級生から「汚ねえ」「くせえ」とからかわれるようになったのだ。

　悪口を言ってくる人の数はどんどん増えていった。黒澤は奥歯を噛《か》みしめて学校へ通ったが、誰に相談することもできなかった。助けてくれるような友人はいなかったし、母親は自分のことや仕事で手一杯で、まったくと言っていいほど振り向いてくれない。そんな彼の心の隙間《すきま》を埋めてくれたのがゲームやアニメだった。

　黒澤は近所のイトーヨーカドーのゲームセンターに通って孤独を紛らわしていた。この時に出会ったのが、同じく小学校でいじめに遭っていた二歳下の虎男だったのである。二人が連絡先を交換して遊ぶようになるまで大して時間はかからなかった。

　中学二年の終わりから、同級生からのいじめは暴力へと変わる。きっかけは、ある生徒の財布がなくなったことだった。同級生たちは黒澤を取り囲み、「おまえが盗んだんだろ。返せ」と言いがかりをつけてきた。恐ろしかった。黒澤は自分が盗《と》ったわけでもないのに、その場から逃げるためにこう言った。

「わかったよ。後で返すよ」

　そして走り去ったのである。

　同級生たちは黒澤を犯人だと決めつけた。黒澤は誤解を訂正するだけの勇気を持っていなかった。

　学校で東京遠足の行事が行われた。この日、黒澤は遠足に参加したものの、財布の盗難を批判する同級生たちの目が怖くなったのか、途中で早退した。放課後までいれば財布のことを問い詰められると思ったからだ。

　家に着いてほっとしたのも束《つか》の間《ま》。信頼していた幼馴染《おさななじみ》が呼びに来た。ついていくと、公園に同級生たちが待ち伏せしていた。彼らは、「逃げてんじゃねえ、泥棒！」と言って殴る蹴《け》るの暴行を加えたのである。

　その後、公園での集団リンチが学校側に露見し、家に帰ると母親と教師がいた。黒澤は母親の前でこう泣き叫んだ。

「死ぬ、自殺する。俺、死ぬから！　こんな人生いらない！」

父親からの家庭内暴力、中学校でのいじめ、孤独な日々。耐えつづけていた負の感情が一気に爆発したのだ。

この日以降、黒澤は何かが壊れたように学校へ行かなくなった。深夜までアニメを見て、昼過ぎに起きてはイトーヨーカドーのゲームセンターなどに行く。たまに学校へ行くことがあっても、下校時刻がすぎてみんながいなくなってから。そんな彼の数少ない話し相手の一人が虎男だったのだ。

中学卒業後、彼は高校へ進学せず、フリーターとして生きていくことを選ぶ。母親に「高校へ行く意味がないから行かない。勉強もしてないし」と言ったところ、あっさりと「わかった」と言われたので、進学をあきらめたらしい。

黒澤はコンビニなどでバイトした時期もあったが、どれも仕事の意欲や人間関係がうまくいかず、長つづきしなかった。母親はそんな息子と正面から向き合うことがほとんどなかったようだ。韓流グループ「超新星」の大ファンで、パートで稼いだお金をつぎ込み、彼らとハイタッチできる交流会や握手会、サイン会など様々なイベントに参加した。

しかも、母親はそうしたイベントに黒澤をつれていくことがあったという。黒澤自身は大した興味も抱けずに、母親が熱狂しているところを冷めた目で見るしかなかっただろう。

こうしてみると、虎男や剛ばかりでなく、黒澤のような他のメンバーたちも一様に家族や社会からこぼれ落ちた少年だったことがわかる。どこにも居場所のなくなった者たちが一つになって時間をつぶしていただけで、それぞれが深い信頼関係でつながっていたわけではないということなのだ。

私は尋ねた。

「他のメンバーの中には虎男の酒癖の悪さが嫌で関わらなくなった子もいたんだよね。でも、君はずっと一緒にいた。友達じゃないっていうなら、なんで嫌な思いをしてまで付き合ってたの？」

「虎男との関係がゲームやアニメだけで済んでたからかな。ゲームをしていれば会話をしなくたっていいじゃん。一晩中、一緒にゲームしてればいいだけだから。アニメを見たり、グッズの話をしたりしてる時だって、別に個人的な話はしない。だから付き合える感じ」

「顔の見えないオンラインゲームの相手のような存在でしかなかった」

「だね」

「虎男たちと会ってた時は、どういう話をしていたの？」

「俺と虎男が好きだったのは、『〈物語〉シリーズ』。このアニメに千石撫子《せんごくなでこ》って登場人物がいるんだ。俺や虎男ってロリ（ロリコン）だったから大好きで、いつもこの子の話ばかりしてた。アニメはどれだけ見ても飽きない。あいつと一緒にアニメイト（アニメ専門ショップ）にスマホケースとか漫画とか買いに行ったり、アニチューブ（アニメ専用動画サイト）でアニメ見たりしてたね」

「遼太や剛もアニメでつながってたんだよね。彼らも君と同じように虎男のことを友達だと思ってなかった？」

「だろうね。カミソンも剛も、虎男をめんどくさがってた。周りは、かかわるの止《や》めればって言ってた。でも、あいつらは結局、虎男から離れられなかった」

「どうして？」

「ヒマだったからでしょ。ゲームやアニメの相手として付き合うぶんには別にいいかなって思ってたんじゃね」

それを聞いて思い出したのは、虎男と星哉がディズニーのぬいぐるみを通して会話をしていたということだ。彼らは生身の人間と人間としての付き合いができていなかったのかもしれない。常に、ゲームやアニメ、それにぬいぐるみを通してでしかお互いにつながりを保てなかったのではないか。

女性編集者が尋ねた。

「なんで、君たちはそんなにアニメやゲームにのめり込んだのかな」

黒澤はとんかつを口に入れ、スマートフォンに目を落とした。

「おもしろいから」

「他におもしろいことはない？」

「ないんじゃね」

「グループのメンバーもみんな同じかな」

「あー、そうかもね。みんな家に親がいなかったり、仲悪かったりするから、することないでしょ」

「お互いに家庭の話をすることはあった？」

「ないね。訊いたってどうしようもねえじゃん。俺だって話したくないし。家に行けば大体わかるから、それでもう訊かない」

グループのメンバーたちは、家庭のことでつらい思いをしていた。だからこそ、お互いにそこに触れてはならないという本能が働いたのだろう。

黒澤はスマートフォンを見つめてニヤニヤと薄ら笑いを浮かべている。メンバーの一人がＬＩＮＥのスタンプを連打してきて、それがおかしいのだという。彼もまたスタンプの連打をはじめる。

私は最後に一つの質問を投げかけてみることにした。黒澤は虎男のことを友達だと思っていなかったのなら、遼太のことはどう思っていたのか。

彼は少し考えてこう答えた。

「弟？」

どういうことだろう。

「弟みたいな感じかな。カミソン、年下だったからね」

言葉の意味するところがわからなかった。友達以上という意味なのか、それ以下という意味なのか。だが、私は質問をくり返して、はっきりした答えを求める気持ちになれなかった。

黒澤は会話に興味がなくなったように、「俺、ビールね」と言ってスマートフォンに目を落とした。画面には、ＬＩＮＥのアプリが表示されている。のぞいてみると、ひたすらアニメのスタンプが縦に並んでいるだけだった。

居酒屋を出ると、生ぬるい街の風が顔に吹きつけてきた。終電前の駅前は、酔った人々であふれ返っていた。

ネクタイを外して奇声を上げるサラリーマン、仕事を終えた水商売風の女性、今の時間から歓楽街へと向かおうとする中年グループ、人波に逆らうように立っているキャッチの男……。川崎は昼間よりも夜の方が活気に満ちている。

見ると、コンビニの前やロータリーの隅で、十代の若いグループがたむろして携帯電話を覗《のぞ》き込んでいた。自転車が横づけされているところを見ると、中学生か高校生なのだろう。地元に住む少年たちが、夜の街の灯に吸い寄せられてきたのだ。髪を染め、派手な服を着て群れている姿は、暗闇《くらやみ》に生える毒茸《どくきのこ》のようだ。

女性編集者が深いため息をついて言った。

「黒澤君が虎男のことをあんな風に思っていたのは意外でした。あれだけ仲良くしておいて友達じゃないって……。でも、犯人たちも同じことを言ってましたよね。裁判でのことを思い出しました」

あれは公判での出来事だった。検察官が公判の度に被告人の少年たちにそれぞれの関係性について尋ねたところ、耳を疑うような答えが返ってきた。

虎男は星哉を「何でも話せる親友の一人」と言い、剛を「ゲームをする仲間」と言い表した。だが、星哉は虎男を「友達じゃない」と答え、剛についても「二、三回会っただけ。電話もLINEも知らない」と答えた。剛の方も虎男を「断れない相手」、星哉を「虎男の友達」と言ったのだ。

三人をはじめ、グループの面々はゲームやアニメに向き合うばかりで、相手のことを理解して友情を深めるということをしてこなかった。そんな少年たちが一時の感情で暴力をふるい、留まるところがわからずに起こしたのが、今回の事件だったのだ。

「虎男たちが社会や家庭からこぼれ落ちた子だったことを改めて示された気がします。家庭に居場所を求められず、学校でいじめられ、高校も中退、不良にもなれなかった」

「みんなそこでつながったんだろうね」

「彼らにとっては、ゲームセンターで知り合ったメンバーたちが最後の拠《よ》り所だったわけじゃないですか。なのに、それすらも彼らにとって信頼できるものになっていなかったなんて」

社会や家族といったセーフティーネットから漏れた場合、最後に頼りになるのは友人のような近しい人との関係だ。だが、彼らは毎日のようにゲームセンターや公園に集って明け方まですごしていながら、信頼関係さえ構築することができず、暗黒の底へと転がり落ちていってしまったのだ。

遼太に対する四十三回にのぼった暴行は、まさに彼らのそんな内面を示している。仲間に対する虚勢、思いやりの欠如、人間不信、逮捕への不安、報復されることの恐怖、現実に対する諦念《ていねん》……。彼らはそんな理由で一回また一回と無抵抗の遼太に切りつけているうちに、それが本物の殺意へと変わっていったのである。

一つ思うのは、なぜそんな少年たちが起こした事件に、あれだけ多くの人々が大きな関心を寄せたのかということだ。いくらマスコミが大々的に報じたとしても、それだけで河川敷の殺害現場に何千、何万という人々が訪れて手を合わせることはないだろう。

思い出されるのは、ボランティアに来ていた竹内七恵の言葉だ。竹内もまた中学時代にいじめにあい、道を外れた経験があったと話していた。それが遼太を他人《ひと》事《ごと》だと思えずに河川敷に来た理由だ、と。彼女はそんな経験を踏まえてこう言っていた。

「河川敷に花を持って集まっていたのは、家庭や社会の中でまさに遼太みたいに問題を抱えて苦しんでいる人ばかりでした。だからこそ、遼太の気持ちがすごくわかるし、自分に重ねたくなる。それがあれだけの人が河川敷に集まった理由じゃないでしょうか」

その通りなのかもしれない。だとしたら、それだけ大勢の人々が遼太のように家族にすら打ち明けられない苦しみを抱え、街を彷徨《さまよ》っているということでもあるのだ。

終電の時間がさらに近づいてきたらしい。駅に向かう人波の勢いがにわかに増す。通行人たちは早歩きになり、カバンを抱えて走っている人もいる。私はそんな雑踏の中で、河川敷に並べられた無数の花束を思い返す。

川辺に広がる一辺四十メートルほどの三角地帯。その草地を赤や白や黄の花束が埋めつくしている。川から吹きつける風が花びらをゆらし、甘い香りを漂わせている風景は、まるで極楽浄土のようだ。人々のなんとか遼太をきれいな花で弔ってあげたいとの善意があの景色をつくり上げたのだろう。

だが、どんなに美しく飾り立てようとも、二〇一五年二月二十日に、十三歳の少年が、全身四十三カ所をカッターで切られ、血だらけになって二十三・五メートル這《は》い、息絶えた事実は変わらない。

――遼太君、君はあの夜、血だらけになった体で闇の中を這い、どこへ向かおうとしていたのだろうか。もし助かったら、どんな人生を歩むつもりだったのか。

そんな疑問が脳裏に浮かんだ。

だが、夜の川崎の喧騒《けんそう》の中でいくら耳を澄ませても、その答えが聞こえてくることはなかった。

あとがき

二〇一五年に殺人で検挙された未成年（十四歳～十九歳）の数は、六十二名に上る。この年が特に多いわけではなく、警察庁の統計によれば、前年が五十五名、翌年が五十一名と、例年四十～六十名台にもなっている。逆に言えば、現代の日本ではそれだけの少年が他人の命を殺《あや》めているということだ。

今回の事件はその一つであるにもかかわらず、近年稀《まれ》に見るほど社会の注目を浴びることとなった。新聞や雑誌は事件の翌月になっても記事を掲載しつづけ、テレビではコメンテイターが様々な意見を投げかけた。多摩川の河川敷に集まった献花の人々は事件から二、三カ月経《た》っても途切れることなく、ＮＨＫのドキュメンタリー番組にまでなった。

取材を進めながら考えていたのは、どうしてこれだけ多くの人々が事件に関心を寄せたのかということだった。

事件の背景や経緯に、際立《きわだ》った特異性があるわけではない。にもかかわらず、一般人から知識人と呼ばれる人までが、遼太君のことを直接知っているわけではないのに多種多様な感想を口にした。ある人は親子のありかたについて語り、ある人は学校の監督責任を指摘し、またある人は犯人の血縁に関する差別的な中傷をネットに書き込んだ。大勢の人々がそれぞれの立場から持論をぶつけたのだ。

　私自身、取材や連載の最中に、一般の人や事件の関係者から個人的な思いを預けられたことがしばしばあった。事件の内容を明らかにするルポではなく、遼太のやさしさを描く本を書いてほしいと訴えられたり、本のタイトルを『それでも彼は笑顔…そしてみんなを幸せにする』『それでも彼の笑顔は生きている』にしてほしいと頼まれたりしたのである。十数年この仕事をしていて、初めての経験だった。

　一つの事件にどのような意見を持つかは、その人の自由である。私はそれを一切否定するつもりはないし、尊重されるべきものだ。

　ただ、私はあくまで物書きという立場から、ルポを書くために今回の事件と向き合った。事件ルポを世に出す意義は、起きた出来事を細部まで見つめ直すことで、再発防止のための社会の教訓にすることだと思っている。それには特定の人物の思いに偏《かたよ》ったり、自分の主義主張を大声で叫んだりするのではなく、できるだけ多くの人から話を聞き、あの時何が起きたのかを事細かに明らかにしなければならない。

むろん、本書を執筆するにあたって悩んだことがまったくなかったわけではない。特に遼太君とそのご家族の詳細について、どこまで書くかという点については、単行本を刊行する際に編集部といく度も検討の場を持って話し合った。

遼太君について例を挙げれば、非行（窃盗や深夜徘徊《はいかい》など）の事実や家庭環境への言及だ。もし事件が加害者と被害者との間になんの接点もない通り魔のような形で起きていたのだとしたら、直接の因果関係に乏しく、被害者の生い立ちや友人関係を詳しく書き記す必要はなかったかもしれない。

だが、今回の事件では、遼太君がなぜ加害少年三人と親交を結ぶようになり、なぜ暴力をふるわれても一緒にいたのかということが重要な点である。

遼太君は、家に居心地の悪さを感じるなどして、外の世界に居場所を求めた。彼はゲームセンターに入り浸り、先輩から紹介された加害少年たちと仲良くしていくうちに、次第にその行動原理に染まっていった。

学校へ行かない、夜遅くまで遊ぶ、喫煙や窃盗をする……。そうした時間の共有により、加害少年たちと歪《ゆが》んだ友情で結ばれていった。家族も学校も、それを止めることができなかった。こうした状況だったからこそ、彼は日吉事件で不当な暴力を受けた後も、加害少年たちとのつながりを断つことができなかったと考えられる。

もっとも、このことが遼太君やご家族を批判する材料にはならないと思うし、私自身そうするつもりはない。

思春期の子供が家庭や学校で居場所を失い、外の世界にそれを求めるのは珍しいことではない。そこで似たような境遇の子供たちと出会い、コミュニティーをつくり上げてお互いに心の隙間《すきま》を埋め合わせようとする中で、多少の悪さをすることだってあるだろう。遼太君の行為とて格別凶悪だったわけではない。

家族が抱えていた問題も同様だ。年間の離婚件数が二十万件以上になる日本において、離婚は決して珍しいものではない。離婚を経験した女性が出会った男性に恋心を寄せて、もう一度新しい家庭を築きたいと考えるのは自然のことだ。むしろ、遼太君のご両親は生活の困難こそあれど、懸命に子供たちを愛していたと察せられる。

しかしだからこそ、今回の事件はどこの家庭においても起こりうることだと言えるのではないか。どこにでもある家庭の問題、どこにでもある子供の悩み、どこにでもある子供のコミュニティー、それがなにゆえに凄惨《せいさん》な殺人事件につながってしまうのか。

それを解き明かすには、遼太君の加害少年たちとの出会い方や、時間の共有の仕方を記すことが必要であり、同時にそれは現代の多くの人々に日常に横たわる危機を自覚させることができる。そうして初めて社会の教訓となる。

このような考えに基づいて、私は遼太君の生い立ちや家庭環境に言及する意義は大きいと判断したのである。

事件を教訓とするには、今回の出来事を他人の家で起きた特別な事と捉《とら》えてはならない。一人ひとりが自分たちの家庭、自分たちの周りで起こることだと受け止め、自分が目を向け、取り組んでいく課題をしっかりと考えていくべきなのだ。そうすることこそが再発を防止し、遼太君の死を社会の中で意味のあるものにすることにつながるのだと思う。

プライバシーのことについても書き記しておきたい。

今回取材をさせていただいた方の中には、未成年や今なお事件関係者とつながりを持つ方々も多く含まれている。そのため、遼太君以外の登場人物は、本人からの要望があった場合を除いて、原則としてすべて仮名にしている。また、取材において知りえた情報も、当事者への誤解を生みかねないと判断した場合は、掲載するのを差し控えた。

ただ、内容に関しては多少偏りがあることを危惧《きぐ》する。遼太君の血縁者の中で、私が話を聞けたのは遼太君の父親のみだ。川崎とは別の町で身元を伏せて暮らしているという母親の話については、弁護士を通して取材を固く拒否されたため、公判の意見陳述でしか聞けていない。できるかぎり他の関係者へインタビューをし、偏りがないよう心掛けてはいるが、その点だけはご了承いただきたい。

加害少年たちについては、少年法六十一条の観点から匿名《とくめい》にしている。「虎男」と記したのは、公判で少年Aとされた主犯の人物。「剛」と「星哉」は、それぞれ少年Bと少年Cとされた人物である。加害少年の間で意見が食い違う箇所においては、私と編集部で協議の上、判決理由や関係者の証言をもとに信用できると判断した方を選んだ。

取材をはじめてから原稿を書き上げるまで、私はほぼ毎日のように遼太君の顔を思い浮かべていた。

胸が苦しくなることもしばしばだったが、あえて裁判に通い、関係者に質問を投げかけ、事件の詳細を書く決断をしたのは、二度とこうした事件が起こってもらいたくないという願いからだった。

今、遼太君のように夜の街を漂流したり、学校へ行けなくなったりしている子供たちはたくさんいるだろう。今回の事件に光を当てることが、そうした少年たちに少しでも手を差し伸べるきっかけになれば、と切に願っている。

最後に、この事件で犠牲になった上村遼太君のご冥福《めいふく》を心からお祈りいたします。

この作品は二〇一七年十二月双葉社より刊行された。

石井光太著

絶対貧困
—世界リアル貧困学講義—

「貧しさ」はあまりにも画一的に語られていないか。スラムの生活にも喜怒哀楽あふれる人間の営みがある。貧困の実相に迫る全14講。

石井光太著

遺　体
—震災、津波の果てに—

東日本大震災で壊滅的被害を受けた釜石市。人々はいかにして死と向き合ったのか。遺体安置所の極限状態を綴ったルポルタージュ。

石井光太著

浮浪児1945-
—戦争が生んだ子供たち—

生き抜きたければ、ゴミを漁ってでも食べ物を見つけなければならなかった。戦後史の闇に葬られた元浮浪児たちの過酷な人生を追う。

石井光太著

「鬼畜」の家
—わが子を殺す親たち—

ゴミ屋敷でミイラ化。赤ん坊を産んでは消し、ウサギ用ケージで監禁、窒息死……。家庭という密室で殺される子供を追う衝撃のルポ。

井上理津子著

さいごの色街　飛田

今なお遊郭の名残りを留める大阪・飛田。この街で生きる人々を十二年の長さに亘り取材したルポルタージュの傑作。待望の文庫化。

井上理津子著

葬送の仕事師たち

「死」の現場に立ち続けるプロたちの思いとは。光があたることのなかった仕事を描破し読者の感動を呼んだルポルタージュの傑作。

NHKスペシャル取材班著

日本海軍400時間の証言
―軍令部・参謀たちが語った敗戦―

開戦の真相、特攻への道、戦犯裁判。「海軍反省会」録音に刻まれた肉声から、海軍、そして日本組織の本質的な問題点が浮かび上がる。

NHKスペシャル取材班編著

日本人はなぜ戦争へと向かったのか
―外交・陸軍編―

肉声証言テープ等の新資料、国内外の研究成果をもとに、開戦へと向かった日本を徹底検証。列強の動きを読み違えた開戦前夜の真相。

NHKスペシャル取材班編著

日本人はなぜ戦争へと向かったのか
―メディアと民衆・指導者編―

軍に利用され、民衆の〝熱狂〟を作り出したメディア、戦争回避を検討しつつ避けられなかったリーダーたちの迷走を徹底検証。

NHKスペシャル取材班編著

日本人はなぜ戦争へと向かったのか
―果てしなき戦線拡大編―

戦争方針すら集約できなかった陸海軍、軍と一体化して混乱を招いた経済界。開戦から半年間の知られざる転換点を徹底検証。

NHKスペシャル取材班著

老後破産
―長寿という悪夢―

年金生活は些細なきっかけで崩壊する！ 誰もが他人事ではいられない、思いもしなかった過酷な現実を克明に描いた衝撃のルポ。

NHKスペシャル取材班著

超常現象
―科学者たちの挑戦―

幽霊、生まれ変わり、幽体離脱、ユリ・ゲラー……。人類はどこまで超常現象の正体に迫れるか。最先端の科学で徹底的に検証する。

NHKスペシャル取材班著

未解決事件 グリコ・森永事件 捜査員300人の証言

警察はなぜ敗北したのか。元捜査関係者たちが重い口を開く。無念の証言と極秘資料をもとに、史上空前の劇場型犯罪の深層に迫る。

NHKスペシャル取材班著

少年ゲリラ兵の告白
—陸軍中野学校が作った沖縄秘密部隊—

太平洋戦争で地上戦の舞台となった沖縄。そこに実際に敵を殺し、友の死を目の当たりにした10代半ばの少年たちの部隊があった。

「新潮45」編集部編

殺人者はそこにいる
—逃げ切れない狂気、非情の13事件—

視線はその刹那、あなたに向けられる……。酸鼻極まる現場から人間の仮面の下に隠された姿が見える。日常に潜む「隣人」の恐怖。

「新潮45」編集部編

殺ったのはおまえだ
—修羅となりし者たち、宿命の9事件—

彼らは何故、殺人鬼と化したのか——。父母は、友人は、彼らに何を為したのか。全身怖気立つノンフィクション集、シリーズ第二弾。

「新潮45」編集部編

殺戮者は二度わらう
—放たれし業、跳梁跋扈の9事件—

殺意は静かに舞い降りる、全ての人に——。血族、恋人、隣人、あるいは〝あなた〟。現場でほくそ笑むその貌は、誰の面か。

「新潮45」編集部編

凶悪
—ある死刑囚の告発—

警察にも気づかれず人を殺し、金に替える男がいる——。証言に信憑性はあるが、告発者も殺人者だった！ 白熱のノンフィクション。

「選択」編集部編

日本の聖域《サンクチュアリ》

この国の中枢を支える26の組織や制度のアンタッチャブルな裏面に迫り、知られざる素顔を暴く。会員制情報誌「選択」の名物連載。

「選択」編集部編

日本の聖域《サンクチュアリ》 アンタッチャブル

「知らなかった」ではすまされない、この国に巣食う闇。既存メディアが触れられないタブーに挑む会員制情報誌の名物連載第二弾。

「選択」編集部編

日本の聖域《サンクチュアリ》 ザ・タブー

大手メディアに蔓延する萎縮、忖度《そんたく》、自主規制。彼らが避けて触れない対象にメスを入れる会員制情報誌の名物連載シリーズ第三弾。

「選択」編集部編

日本の聖域《サンクチュアリ》 クライシス

事実を歪曲し、権力に不都合な真実には沈黙する大メディアが報じない諸問題の実相を暴く人気シリーズ第四弾。文庫オリジナル。

「選択」編集部編

日本の聖域《サンクチュアリ》 シークレット

「がん告知」の闇から安倍首相「私邸」まで。この国の秘密の領域に鋭く斬りこむ会員制情報誌の名物連載第五弾。文庫オリジナル。

橘　玲著

言ってはいけない 中国の真実

巨大ゴーストタウン「鬼城」を知らずして中国を語るなかれ！ 日本と全く異なる国家体制、社会の仕組、国民性を読み解く新中国論。

仲村清司著

沖縄学
—ウチナーンチュ丸裸—

「モアイ」と聞いて石像を思い浮かべるのはヤマトンチュ。では沖縄人にとってはなに？大阪生れの二世による抱腹絶倒のウチナー論。

仲村清司著

ほんとうは怖い沖縄

南国の太陽が燦々と輝く沖縄は、実のところ怖～い闇の世界が支配する島だった。現地在住の著者が実体験を元に明かす、楽園の裏側。

西村淳著

面白南極料理人

第38次越冬隊として8人の仲間と暮した抱腹絶倒の毎日を、詳細に、いい加減に報告する南極日記。日本でも役立つ南極料理レシピ付。

二宮敦人著

最後の秘境　東京藝大
—天才たちのカオスな日常—

東京藝術大学——入試倍率は東大の約三倍、けれど卒業後は行方不明者多数？　謎に包まれた東京藝大の日常に迫る抱腹絶倒の探訪記。

土師守著

淳

「事故ですか」「いえ、事件です」——。最愛の我が子は無惨な姿で発見された。「神戸少年A事件」の被害者の父が綴る鎮魂の手記。

門田隆将著

なぜ君は絶望と闘えたのか
—本村洋の３３００日—

愛する妻子が惨殺された。だが、犯人は少年法に守られている。果たして正義はどこにあるのか。青年の義憤が社会を動かしていく。

43回《かい》の殺《さつ》意《い》

川崎中1男子生徒殺害事件の深層

新潮文庫　い-99-9

令和三年一月一日発行

著者　石《いし》井《い》光《こう》太《た》

発行者　佐藤隆信

発行所　株式会社 新潮社

郵便番号　一六二―八七一一
東京都新宿区矢来町七一
電話　編集部(〇三)三二六六―五四四〇
読者係(〇三)三二六六―五一一一
https://www.shinchosha.co.jp

価格はカバーに表示してあります。

乱丁・落丁本は、ご面倒ですが小社読者係宛ご送付ください。送料小社負担にてお取替えいたします。

印刷・株式会社三秀舎　製本・株式会社植木製本所

ISBN978-4-10-132539-2 C0195